# SER DIGITAL

## Hacia una relación consciente con la tecnología

Manuel Ruiz del Corral

**KOLIMA BOOKS**

Título original: *Ser Digital, hacia una relación consciente con la tecnología*

Primera edición: Mayo 2017
© 2017   Editorial Kolima, Madrid
***www.editorialkolima.com***

Autor: Manuel Ruiz del Corral
Dirección editorial: Marta Prieto Asirón
Maquetación de cubierta: Sergio Santos Palmero
Maquetación: Carolina Hernández Alarcón
Fotografía del autor: Juan Cantador Marina

ISBN: 978-84-16994-21-2
Depósito legal: M-12587-2017

*A Gabriel y Paula, mis hijos,
anclas de mi presente y sonrisas de mi trascendencia.
Para que vuestras consciencias estén siempre despiertas.
Para que levantéis sin fisuras vuestra mirada
a la vida.*

# ÍNDICE

# PREFACIO

En la antigua Grecia ya se advertía que esta parte del libro debía ser corta y sencilla y que no tenía otro objetivo que explicar los motivos e intenciones que han llevado al autor a escribirlo. Y es aquí donde juego mi único y apenas transcendente papel.

Me encantaría que este libro no se leyera solo por su contenido –que bien merece, como comprobará el lector, más de una lectura e incluso llegar a convertirse en un libro de cabecera–, sino que se hiciera por lo que el autor representa en cuanto a conocimiento y sabiduría en el mundo de hoy. Conocí a Manuel Ruiz del Corral siendo profesor suyo y desde el primer momento me llamó poderosamente la atención su singular relación con el mundo, pues si bien se trata de un alto directivo en el área de las últimas tecnologías y gran conocedor del mundo digital, él es además un compositor de música cuyas obras han sido interpretadas en grandes salas de conciertos de Europa. Ni que decir tiene que su amplio conocimiento y experiencia de muchas y diversas materias me demostraba que me encontraba ante una persona de una inusual inquietud intelectual y una enorme sensibilidad, algo que, como comprobará el lector, queda patente en el contenido del libro.

Descubrí por tanto en el autor a un hombre «imprescindible», parafraseando a Bertolt Brecht, en este nuevo renacimiento de la Humanidad. Su creatividad y su criterio le constituyen en un referente como autor en el propósito para el que escribe: aumentar la consciencia de los lectores en un área en la que de hecho creo que somos poco conscientes. En un mundo de manipulación constante donde muchas veces nos ponen, y nos ponemos, al servicio de la tecnología y no al contrario, es muy importante que se eleve una voz autorizada dispuesta a poner orden y a mostrarnos que el buen uso de la tecnología es un gran paso para la Humanidad, pero que su mal uso puede conllevar el empobrecimiento de nuestra esencia más humana.

El camino de este libro se fraguó en largas y enriquecedoras conversaciones en una cafetería frente a una taza de té. Como se gestaban los libros antaño, con esa liturgia de idas y venidas, de largos y elevados pensamientos que a veces nos conducían a oscuros callejones sin salida, pero que siempre merecía la pena explorar por la atracción hacia lo desconocido.

Aunque la tecnología va muy rápido, este libro es atemporal, ya que no solo habla de datos y de las tecnologías más punteras en la actualidad (móviles, redes, inteligencia artificial, etc.), sino que entronca todo ello alrededor de una serie de reflexiones humanísticas sobre la esencia de nuestros cambios de comportamiento actuales, de nuestra evolución, que forman parte de algo mucho más amplio e importante que sin duda seguirá en vigor independientemente de que cambien los dispositivos y las empresas protagonistas de este nuevo salto en el desarrollo del ser humano.

Me gustaría destacar también el gran esfuerzo y dedicación del autor por las muchas horas de madrugada quitadas al sueño para regalarnos este tratado humanista sobre como la tecnología puede ser nuestro principio o nuestro fin, porque, como nos ha sucedido siempre, está en nuestras manos elegir el futuro de nuestras creaciones. En definitiva de eso va el libro: de como esta nueva era nos puede permitir transcender y dar un gran paso hacia adelante en la Historia de nuestra especie o, por el contrario, convertirnos en unos nuevos esclavos, o peor, en robots propiedad de un ente sin alma llamado *«Big data»*.

Quiero agradecer a Manuel sus muchas ganas de compartir su visión y sabiduría con los demás. Como le decía un día, siempre admiro a la gente que cree que lo extraordinario no está en conseguir la utopía sino en atreverse a alcanzarla.

También deseo finalmente darle las gracias porque me haya considerado merecedor de escribir estas breves líneas para su libro. Y, como decía al principio, espero y confío haber provocado y estimulado al lector «consciente» a seguir leyendo, pues estoy seguro de que disfrutará del reto ético e intelectual que supone este libro. Empiece a leerlo y lo descubrirá.

Enrique Salas
Conferenciante, consultor y profesor

# PRÓLOGO

Mi abuelo solía mirar el mar para predecir las tormentas. Recuerdo verle erguido y concentrado, con las manos en la espalda, y decirme con autoridad tras un largo silencio: «mañana va a llover, ya verás». Nunca supe si era la dirección del viento, la estela de las nubes, o la fuerza del mar lo que le daba esa seguridad en lo que decía. Tampoco recuerdo con exactitud si acertaba siempre en sus predicciones. Lo único cierto es que aún conservo esa imagen dentro de mí y la vívida sensación de estar compartiendo algo místico que me fascinaba mientras miraba el mar con toda mi atención.

Hace poco tiempo, y en uno de mis últimos paseos por esa misma playa, no pude evitar detenerme. «Abuelo, mañana va a llover, ya verás», escuché decir a un niño de unos siete años mientras deslizaba su dedo pulgar sobre su *smartphone* con la cabeza agachada y sin desviar la mirada. Aquel hombre se encorvaba hacia el pequeño, acompañándolo fascinado por toda esa sucesión de imágenes y sonidos que les llevaban de una cosa a otra sin pausa. Ponían tanta energía y atención en lo que estaban viendo que incluso el mar, imponente, parecía ya no estar allí para ellos.

Me invadió un cierto sentimiento de nostalgia mientras me preguntaba cómo algo tan pequeño era capaz de transformar tan profundamente ese instante. Proyecté en ese chico mis emociones y sentí que la mística de mi recuerdo ahora carecía de sentido. Ya no era necesario observar pausadamente, ni tampoco elevar la vista más allá de nosotros para encontrar las respuestas. Ahora todas ellas parecían estar en la palma de nuestra mano, de inmediato y al alcance incluso de los pulgares más pequeños.

Es una época privilegiada la que nos ha tocado vivir; no hay duda de que la tecnología ha revolucionado la sociedad. Una revolución que ha sido además silenciosa porque, salvo que nos detengamos conscientemente a comparar nuestros hábitos y necesidades con las de hace tan solo unos pocos de años, todo ha ido tan rápido que ni nos hemos dado cuenta.

Hemos cambiado. Hoy, con nuestros dispositivos personales inteligentes («*smart*») podemos comunicarnos al instante, casi sin esfuerzo. Desde nuestros teléfonos, «tabletas», ordenadores y relojes de pulsera, podemos compartir rápidamente lo que pensamos, vemos o sentimos con muchas personas simultáneamente, a través de redes sociales como Facebook o Twitter. Podemos acceder a toda la información pública del mundo a partir de un solo gesto en Google. Podemos comprar cualquier producto sin movernos del sofá y que nos llegue a casa en pocas horas. Podemos, en definitiva, ser más rápidos, más eficientes y más productivos, porque se nos da la oportunidad de perder menos tiempo en lo aparentemente irrelevante y aprovecharlo para lo que queramos. El ser humano parece destinado a vencer la barrera del tiempo y del espacio.

**La promesa que nos hace esta nueva tecnología es fascinante: tenemos más poder y la oportunidad de ser más libres. Podemos ser, por tanto, más felices.**

Vemos las sonrisas de las personas cuando se sienten conectadas e inmediatamente atendidas. Vemos también el entusiasmo de las familias cuando se acercan a sus seres queridos con un mensaje, una llamada, una fotografía, un vídeo... aunque estén en el otro extremo del mundo. Vemos como las personas con dificultades físicas o dependencias eliminan los muros de la comunicación gracias a la tecnología, o como los pequeños emprendedores prosperan y revitalizan entornos rurales gracias a las redes. También vemos como los artistas tienen más medios para crear y expresar sus ideas sin necesidad de depender de terceros, o como vivimos en una sociedad cada vez más participativa que presiona a los gobiernos para ser más transparentes con la publicación de sus datos. Podemos mirar también un poco más allá y percibir los primeros pasos de la nueva industria digital (esa que llaman 4.0) en servicios de Telemedicina, Urbanismo inteligente y Atención Social: hoy podemos operar a un paciente a distancia con robots de extrema precisión, ser guiados por la ciudad a través de la ruta menos congestionada para llegar a tiempo al colegio a recoger a nuestros hijos, o mantener monitorizadas las constantes vitales de nuestros mayores a través de nuestro móvil.

Me he dedicado más de veinticinco años a estudiar la tecnología, desde introducir unos y ceros en circuitos del tamaño de una onza de chocolate para medir como los impulsos eléctricos afectan al sistema nervioso de una persona, hasta diseñar las aplicaciones de Internet más complejas. Veo que la promesa de la tecnología se ha convertido en realidad, y eso que aún es solo un embrión de la verdadera revolución que está por llegar a corto plazo. Pero no puedo evitar sentirme inquieto porque, si me detengo y soy honesto conmigo mismo, me doy cuenta de que yo también actúo como ese niño de la playa: a veces agacho la cabeza y pierdo de vista el imponente mar que tengo delante de mí, y no soy capaz de levantar la mirada ni tampoco me doy cuenta de ello. Y percibo, con una sutil tensión en el estómago, que esa actitud entra en conflicto con mis recuerdos, valores y experiencias más esenciales. Pero aún así no puedo evitar seguir reaccionando a las notificaciones de mis dispositivos.

Hemos cambiado. En lo más cotidiano, vemos parejas que comparten una velada íntima sin apartar la vista de sus teléfonos móviles. Vemos padres frustrados por no poder competir con la conexión a Internet de sus hijos, conductores que consultan obsesivamente sus teléfonos mientras conducen en modo automático, amigos que comparten la noticia de su paternidad en sus redes sociales antes de hacerlo a su círculo más cercano, bebés exhibidos por sus padres en Internet, apropiándose de su imagen y anulando el derecho a decidir de sus hijos en una red que nada olvida, personas que se escabullen para grabar y compartir una pelea antes que intentar pacificarla, antes incluso que evitarla, viandantes que caminan sin rumbo tecleando en su teléfono, niños que cruzan la calle solos mientras sus cuidadoras se ríen de un vídeo viral, adolescentes que se despiertan varias veces en la madrugada por las alertas de sus dispositivos...

En el trabajo, vemos jefes y colaboradores que utilizan de forma compulsiva sus *gadgets* tecnológicos, descuidando la atención a las personas de su equipo, compañeros que pasan largos minutos repasando sus tareas comunes en mensajes en el móvil, separados físicamente por dos o tres mamparas de distancia...

Recibimos largas horas de formación sobre técnicas de liderazgo y gestión que fracasan estrepitosamente cuando vibra un móvil encima de la mesa. Cada vez son más habituales los horarios indefinidos y la disponibilidad permanente (24x7, lo llaman), y encontrar personas con crecientes dificultades para concentrarse en tareas abstractas, hacer una lectura en profundidad o prestar atención de forma sostenida a una conversación. Tanto o más que para desconectar de la actividad laboral en su tiempo libre, con los consecuentes síntomas de estrés y ansiedad.

**¿Qué nos está ocurriendo? ¿Realmente se cumple la promesa que esperábamos de la tecnología? ¿Es cierto que somos más productivos y eficientes, que podemos decidir lo que queremos, que tenemos más poder, que tenemos la oportunidad de ser más libres? ¿Podemos ser más felices? Si no es así, ¿es culpa nuestra?**

Este es el debate que me inspira a escribir este libro, y mis palabras se dirigen a aquellas personas que sienten un conflicto similar en su interior o que se identifican con alguno de los comportamientos anteriores, con la intención de comprenderlos mejor y mejorar sus hábitos, su rendimiento o su calidad de vida. Sea cual sea cada caso, en este libro se pueden encontrar algunas claves para entender cómo y por qué están cambiando nuestras mentes, nuestros comportamientos y nuestras necesidades como consecuencia de la transformación digital de la sociedad. Estas claves son mayormente útiles para las personas que valoran especialmente las relaciones personales en su vida diaria, o que conviven con elevadas cargas de trabajo y responsabilidad. El lector también podrá utilizar algunos conceptos de este libro para optimizar la estrategia de *marketing* de su empresa y adaptarla a las nuevas expectativas de la sociedad.

El primer capítulo del libro explora las grandes cifras de penetración y uso de las tecnologías de la información en el mundo, junto con una explicación acerca de las bases de la gran revolución: la predicción del futuro, la inteligencia artificial, la conexión de los objetos o los nuevos materiales que permitirán crear un sensor en casi cualquier superficie.

El segundo capítulo profundiza en la revolución silenciosa, en como la tecnología está cambiando nuestras mentes y nuestra capacidad para prestar atención, creando nuevos condicionamientos y hábitos sociales. Partiendo del estudio de las necesidades universales del ser humano y desde la perspectiva de la evolución biológica de nuestro cerebro, se desgranarán las bases de como los diseños digitales inciden en nuestra forma de percibir la vida en su dimensión más profunda, y como nuestros hábitos modelan nuestros instintos, creando una difusa frontera entre entretenimiento, entusiasmo, dependencia y adicción a la tecnología.

El tercer capítulo aborda la descripción de los nuevos hábitos de las personas desde una perspectiva psicológica, social e incluso comercial. Aquí se desarrollarán fenómenos muy actuales como la identidad digital, la necesidad de compartir información en las redes sociales, la estandarización de las emociones, los «linchamientos digitales» o la pérdida de la percepción de la seguridad y la intimidad.

Por último, el cuarto capítulo aporta una serie de criterios para construir puentes hacia una relación más sana con la tecnología, incluyendo herramientas aplicables a la vida cotidiana y a actividades de alta carga intelectual o elevada responsabilidad. Estos criterios pueden además integrarse en las tradicionales técnicas de liderazgo, gestión de personas y gestión del tiempo, de forma que estas últimas sean realmente efectivas y no queden obsoletas.

**La llegada de la era digital es un hecho constatable e imparable en nuestras vidas. Como tecnólogo, será incompatible encontrar en mis palabras un discurso que se oponga a ello, pero tampoco realizaré una apuesta incondicional por la tecnología ni por su futurible potencial para convertirnos en algo similar a «súper-hombres», especialmente cuando su diseño más cotidiano está afectando negativamente a nuestras capacidades y valores más esenciales.**

En este difícil término medio, navegaré junto al lector a lo largo de este libro, tratando de aportar herramientas para que él elabore sus propias respuestas y también nuevas preguntas. Habré cumplido mi mayor objetivo si las personas que hayan compartido conmigo este viaje se declaran al final más libres de decidir hacia donde mirar. O, al menos, que cuando no sean capaces de levantar la mirada de sus manos al pasear por la orilla del mar, consigan mantenerse despiertos para darse cuenta de ello y verse a sí mismos.

—

# CAPÍTULO UNO

# LA CHISTERA MÁGICA DE LA NUEVA CIENCIA

hristine acababa de superar su primer trimestre de embarazo. A sus dieciséis años su situación era todo un contratiempo y su familia no era precisamente pudiente. Aunque su cuerpo y su prudencia le permitían mantener su maternidad en total secreto, dentro de poco tiempo tendría que compartir la noticia con todo su entorno.

Ajena a sus futuras responsabilidades y, como cada viernes, se disponía a canjear con entusiasmo varias ofertas personalizadas en su habitual centro de estética, un local reluciente en la planta baja de un centro comercial situado a dos manzanas de su casa. Aquel espacio no era más que otro anónimo punto de venta dentro de la enorme red de centros comerciales, pero para Christine constituía un refugio personal y exclusivo al haber sido clasificada por la empresa como cliente «premium»: no solo compraba allí habitualmente utilizando su tarjeta de puntos, sino que era una usuaria muy activa en la red social de la tienda que opinaba sobre los productos que más le gustaban y se los recomendaba a sus contactos de Facebook[R]. Ese día, además de comprar un nuevo gloss labial que prometía largas horas de duración y probar un nuevo perfume, aprovechó para llevarse un par de jabones neutros para su piel (más seca que de costumbre), algodones, y también un suplemento vitamínico recomendado en Internet para fortalecer las defensas, idóneo para hacer frente a un otoño especialmente lluvioso y de fuertes contrastes térmicos.

*Paul, su padre, era un hombre conservador y de firmes convicciones religiosas. Llevaba treinta minutos dando vueltas por un pasillo de la séptima planta de aquel imponente edificio, apretando en sus manos un puñado de papeles con contrariedad mientras observaba la lluvia a través de los verticales ventanales. Después de la espera y de decenas de llamadas previas para obtener esa cita, por fin se abrió la puerta del despacho del director comercial. Paul tomó asiento y esparció unos arrugados cupones por la mesa, dejando ver un importante número de ofertas de productos prenatales, juguetes y ropa de bebé destinados a su hija. Tratando de controlar su agresividad, trasladó su profunda indignación por la actuación del centro, la cual, desde su punto de vista, estaba indudablemente orientada a fomentar el embarazo a tempranas edades y representaba la crisis de valores de la sociedad americana y sus familias. Tras un intenso discurso, su interlocutor, atónito e incapaz de encontrar una explicación a lo sucedido, reforzó los fundamentos morales de su política comercial y reconoció que el caso era un error casual y material que no volvería a suceder.*

*Lo que Christine y su padre no sabían (ni por supuesto lo sabía tampoco el director comercial del centro), es que Andrew, un brillante estadístico e informático de Dakota del Norte, había irrumpido en sus vidas. No de forma directa ni dirigida a ellos en particular, pero en ningún caso de forma casual o accidental.*

*Andrew llevaba varios años en el departamento comercial de la empresa creando predicciones automáticas por ordenador para mejorar los resultados de ventas. Utilizando terminología técnica, Andrew era un científico de datos y diseñaba modelos predictivos y de inteligencia de negocio. Su trabajo no consistía en generar trivialidades tales como publicar información sobre la última moda de zapatillas deportivas para jóvenes o enviar ofertas de juguetes en el período prenavideño a los padres. Su ciencia consistía en algo mucho más ambicioso: predecir lo que iba a suceder y anticiparse a la competencia.*

*Apoyado en la tecnología denominada «Big Data»[(R)], diseñó una solución informática que almacenaba los datos de cada compra realizada, junto con los hábitos de los clientes fidelizados con tarjetas de puntos y las opiniones de las redes sociales. Teniendo en cuenta que la red comercial de su empresa era una de las primeras de Estados Unidos con fuerte presencia en casi todas las ciudades, su sistema generaba una enorme cantidad de datos cada segundo, datos que Andrew metía en una especie de «chistera» informática que le devolvía, a golpe de clic y, como por arte de magia, las relaciones y afinidades entre ellos. En otras palabras, con su chistera podía ver fácilmente que en junio se compraban más bañadores que en agosto, que la diferencia de las ventas electrónicas entre hombres y mujeres se iba reduciendo cada vez más, o que las clientas más jóvenes solían comprar productos cosméticos cada primer viernes de mes al salir de la escuela y estrenando su paga mensual.*

*Resultados más o menos evidentes para cualquier departamento comercial que analice sus compras y sus clientes pero que Andrew decidió enriquecer cruzando más conjuntos de datos, tales como los registros del clima de cada ciudad, la renta media de las familias o la tasa de natalidad. Ahora su chistera (es decir, un conjunto de fórmulas matemáticas previamente programadas en una herramienta informática perfeccionada a lo largo de la Historia de la estadística y la matemática) le permitía descubrir patrones invisibles que superaban en muchos casos el sentido y la capacidad de análisis de la inteligencia humana.*

*Una de las aplicaciones más brillantes de todo ese trabajo fue diseñar un modelo para predecir el embarazo en fechas tempranas, aquellas en las que aún no se manifiesta y durante las cuales algunas personas como Christine son precavidas incluso para anunciarlo. Christine nunca podría imaginar que las lluvias que había sufrido su ciudad durante el último mes no justificaban la compra de un jabón neutro, o que el suplemento vitamínico que había adquirido estaba enriquecido con zinc y contaba con un alto número de «me gustas» por parte de clientas embarazadas en Facebook. Tampoco imaginaba que los algodones eran uno de los productos más comprados durante la gestación y la lactancia por todas las clientas del país. Ni tampoco que el resto de cruces de datos, suposiciones y decisiones que se añadieron de forma automática casi en el momento de su compra, hicieron que la chistera de Andrew predijera que estaba embarazada. O, en realidad, que tenía una probabilidad de embarazo del setenta y uno por ciento.*

*El sistema informático estaba programado para dictar una instrucción al departamento comercial, de forma que se enviasen cupones de productos prenatales a las clientas con una probabilidad de embarazo superior al setenta por ciento. Así fue como los cupones acabaron en manos del padre de nuestra protagonista, el cual, pocos días después, tuvo a bien disculparse con el director comercial en una breve llamada telefónica tras un fuerte enfrentamiento con su hija como consecuencia de aquel «imprevisto».*

# CUANDO SABER YA NO IMPLICA ENTENDER

**N**uestra mente nos reta. ¿Y si Christine no hubiera comprado esos tres productos juntos? ¿Y si los hubiera comprado en otro momento? ¿Y si no hubiera sido usuaria de Facebook? ¿Y si hubiera vivido en otro lugar? ¿Y si no hubiese llovido aquel mes? ¿Fue todo una casualidad?

Todo ello es indiferente. Lo relevante es que Andrew acertó, y que de algún modo contempló también la casualidad en su modelo matemático. Su chistera mágica convirtió lo circunstancial en esencial, creando una nueva realidad como resultado de su predicción y anticipándose al libre albedrío de dos personas comunes.

La historia de Christine y Andrew está basada en hechos reales sobre la cadena americana *Target*, publicados por el *New York Times Magazine* en 2012[R]. De forma anecdótica —y puede que tan cómica como inquietante—, este caso nos desvela la revolución silenciosa provocada por la nueva ciencia de los datos.

. . . . . . . . . . . . . . . . . . . . . . . . . . . . . . . . . . . . . . . . . . . . . . . . . . .

**Esta nueva forma de entender la sociedad y el mercado se caracteriza, por encima de todo, por un profundo cambio de modelo en la relación del ser humano con la tecnología: ya no solo consumiremos la tecnología para mejorar nuestra calidad de vida, sino que, en gran medida, pasaremos también a ser sus clientes y no tanto sus dueños.**

. . . . . . . . . . . . . . . . . . . . . . . . . . . . . . . . . . . . . . . . . . . . . . . . . . .

Cualquier dato nuestro que pueda extraerse es muy valioso para alimentar modelos predictivos inteligentes como el de Andrew. Estos modelos recopilan los datos de forma masiva y constante, sacando conclusiones al momento. Y, lo más importante, aprenden de su propia experiencia: cada predicción exitosa de embarazo reforzaba el modelo de Andrew, y por el contrario, cada error lo corregía y reajustaba.

En otras palabras, la tecnología está ya capacitada para aprender de forma similar a como aprendemos los seres humanos en nuestra forma más primaria. La exposición a infinidad de estímulos nos permite aprender la relación causa-efecto por condicionamiento y por repetición, sin necesidad alguna de entender las leyes que rigen dicha relación. Si un niño acerca la mano al fuego, se quema. Y si repite el gesto, se vuelve a quemar. Su cerebro aprende entonces la relación causa-efecto y predice que en presencia de fuego se quemará si extiende la mano. Se interioriza así un patrón de comportamiento que consiste en evitar acercarse al fuego. El niño «sabe» que se quemará. No necesita entender las razones físicas de esa combustión para actuar, ni probablemente lo necesite nunca como adulto. Es así, por exposición, repetición y condicionamiento[R], como aprendemos e interiorizamos muchos hábitos de pensamiento y conducta que rigen gran parte de nuestra vida y de los que muchas veces no somos conscientes, que se integran en lo que llamamos «personalidad».

Las máquinas solo pueden aprender de esta forma tan eficiente si las alimentamos con enormes cantidades de datos. Hablo de millones de datos, de miles de millones, en adelante. Cuantos más datos incorporemos a los modelos, mejores patrones de causa-efecto podrán detectar, mejor será el aprendizaje y más ajustada será la predicción del efecto ante una causa nueva.

Así, por ejemplo, la cadena americana de grandes almacenes Walmart decidió aumentar de forma significativa la producción de galletas y su distribución en aquellos centros amenazados de forma inminente por un huracán tropical. Sus modelos predictivos habían detectado que, ante la amenaza de estos fenómenos meteorológicos, sus clientes comprarían muchas más galletas de lo normal. Y esa decisión comercial, a priori tan sencilla y económicamente razonable, aportó muchísimos más beneficios a la empresa que otras grandes campañas comerciales basadas en el lanzamiento de productos más caros y sofisticados. Por supuesto el sentido común parece justificar este patrón por la tendencia de las personas a comprar productos no perecederos ante la amenaza de aislamiento, pero sin duda pocos departamentos comerciales hubieran asumido una decisión así de forma espontánea. Precisamente Walmart es hoy una de las referencias de estudio de mercado en el campo del *Big Data* y el análisis predictivo.

Esta teoría del aprendizaje de las máquinas, que es la base de la inteligencia artificial (con la que tanto ha fantaseado el cine), empezó a desarrollarse en 1950 gracias a los trabajos de Alan Turing[R] y otros científicos. Sin embargo, sus aplicaciones cotidianas (como los casos de Andrew o de las galletas de Walmart) no han sido factibles hasta esta segunda década del siglo XXI por dos razones fundamentales.

La primera de ellas es que el mercado ya ofrece, a un precio razonable, soluciones informáticas suficientemente potentes como para procesar millones o billones de datos de forma rápida. La segunda es que solo ahora es viable obtener estos datos de forma masiva, constante e individualizada gracias al despliegue de los dispositivos móviles personales y su acción transformadora de los hábitos de pensamiento, conducta y de las relaciones sociales de la población de los países desarrollados. Este último aspecto es especialmente relevante y será desgranado poco a poco en las próximas páginas.

Cada búsqueda en Google, cada imagen que se comparte en una red social, cada recomendación, cada «me gusta», cada palabra que escribimos en un *chat*, cada vez que compartimos donde estamos o como nos sentimos, cada vez que medimos nuestras calorías en el *iPhone* después de hacer ejercicio... en general, cada vez que abrimos las puertas de nuestra vida a cualquier aplicación (gratuita o no) a través de nuestros dispositivos (*smartphone*, «tableta», ordenador...) permitimos que nuestra ubicación, nuestros hábitos y nuestros gustos, emociones y contactos pasen a formar parte de ese flujo incesante de datos que alimenta a las grandes empresas y que, en última instancia, tiene un valor económico incalculable.

**La tendencia de mercado es inequívoca: capturar y almacenar la máxima cantidad posible de datos, por irrelevantes que parezcan, ya que nunca se sabe cuando un modelo predictivo podrá detectar un patrón oculto que genere una diferencia competitiva.**

Es por ello que estamos pasando de ser los dueños de nuestra tecnología y disfrutar de sus innumerables ventajas (inmediatez, acceso a la información, comunicación de cualquier tipo en cualquier momento, etc.) a ser también sus clientes y a estar sometidos a las reglas de mercado que, dicho sea de paso, tenderán a ser gobernadas también por las máquinas y su inteligencia predictiva (hablaremos posteriormente del «Internet de las cosas»). Predicciones que generan nuevas realidades cotidianas y un cambio de las reglas de competencia: en 2016, dos de cada tres películas que se vieron en Netflix[R] fueron fruto de una recomendación automática, al igual que la tercera parte de las compras que se realizaron en Amazon[R].

Es evidente que gran parte del éxito comercial de estas iniciativas se sustentará en garantizar la obtención del dato directamente de la fuente y en cualquier lugar donde esta esté; de ahí la fuerte apuesta por el desarrollo de los sensores y de los dispositivos personales y móviles (*smartphones* hoy, o cualquiera de sus evoluciones en el futuro). Por eso es imprescindible implantar hábitos de conexión permanente en la sociedad, de forma que las personas participemos de forma activa o pasiva en mantener el incesante flujo de datos. Si estos hábitos generan además dependencias y transformaciones profundas en los modelos sociales, la tendencia será irreversible y las inversiones tendrán un retorno económico claro.

Sin duda, los cambios en la forma de entender la vida y las nuevas dependencias han formado parte siempre de cualquier revolución y, muy en particular, de las tres revoluciones industriales anteriores a esta cuarta que, según los expertos, estamos iniciando. Como nos ha demostrado la Historia, muchas de las nuevas dependencias serán éticamente plausibles porque mejorarán nuestra calidad de vida dándole valor añadido; desde luego, hoy es tan complicado vivir sin luz eléctrica y sin automóvil como sin poder contactar con nuestros seres queridos en el momento que deseemos. Pero no debemos perder de vista que muchos diseños aceptados pueden fomentar la adicción a la tecnología a través de la manipulación premeditada de nuestra atención y promoviendo nuevos hábitos de comportamiento apoyados en la recompensa inmediata, la compartición y la comparación social. Solo así pueden explicarse fenómenos tan virales y masivos como, por ejemplo, los que supusieron las aplicaciones *Candy Crush* (2012) o *Pokemon Go* (2016)[R].

Debiera ser importante para el hombre del siglo XXI ser consciente de ambos modelos de dependencia tecnológica. La irracional resistencia al cambio y al progreso nunca será el camino, y así lo ha demostrado nuestra naturaleza. Pero solo estando despierto, el ser humano evitará despojarse de aspectos esenciales de su vida y entregarlos gratuitamente a las redes de lo impuesto por las nuevas relaciones de poder.

# VIEJAS FICCIONES Y NUEVAS REALIDADES

En el momento actual, el *Big Data* es incuestionablemente uno de los pilares y aceleradores principales de la cuarta revolución industrial. Las bondades de su aplicación para la sociedad son evidentes: desde mejorar la prevención de enfermedades cruzando datos de todo tipo, hasta regular de forma inteligente el tráfico de vehículos en las ciudades en función de la congestión o los niveles de contaminación en cada momento. Estas aplicaciones, como cualquier otra que se base en la ciencia de datos, requieren obligatoriamente de la participación del ser humano como fuente de información, lo que supone un nuevo paradigma de mercado. Cualquier tecnología vinculada a este paradigma está destinada a implantarse de forma más rápida y universal mientras que, por el contrario, otras vivirán un desarrollo más pausado. Es el caso de la robótica, la realidad virtual, o la impresión en tres dimensiones, que ya cuentan con importantes aplicaciones en Medicina o Defensa pero que aún se resisten a invadir de forma cotidiana nuestras vidas (tiempo al tiempo).

Así, en poco más de cinco años, hemos vivido una vertiginosa penetración de los dispositivos móviles con sus evolucionados sensores (movimiento, presión, ubicación, temperatura, etc.) y un abrumador desarrollo de redes sociales y colaborativas de todo tipo. Tecnologías que van más allá de la frontera de la comunicación y el ocio de las personas, estando al servicio último del mercado de la captura de datos y su potencial beneficio económico. Esta es la razón de que el coste de adquisición de los dispositivos móviles sea tan asumible para la mayoría de la población —salvo situaciones de extrema pobreza o aislamiento— y que infinidad de servicios de Internet, como el correo electrónico, los mapas geográficos, el almacenamiento, el *chat*, las redes sociales o las aplicaciones móviles, sean gratuitos y masivos.

Los datos de uso global son inquietantes. En los últimos veinte años y en menos de lo que cubre una generación, la mitad de los siete mil millones de habitantes del planeta se han hecho ya con un teléfono móvil. Cuatro de cada diez personas tienen acceso a Internet[R], y casi el ochenta por ciento de ellas participa en una red social. Cada persona genera al día la misma cantidad de datos que hubiera generado en toda su vida hace un par de siglos. Cada segundo se realizan 10.000 transacciones con tarjeta de crédito. Cada minuto se suben sesenta horas de vídeos nuevos a Youtube. Cada día se realizan más de un billón de consultas en Google y más de 800 millones de actualizaciones en Facebook.

· · · · · · · · · · · · · · · · · · · · · · · · · · · · · · · · · · · · · · · · · · · ·

**Los expertos prevén que en poco más de diez años estos datos se duplicarán, teniendo en cuenta la expansión de las infraestructuras y los servicios, el desarrollo de los países emergentes y la renovación generacional[R].**
**No es descabellado imaginar, por tanto, una población plenamente conectada en la segunda mitad del siglo XXI.**

· · · · · · · · · · · · · · · · · · · · · · · · · · · · · · · · · · · · · · · · · · · ·

Esta hiperconexión debiera encontrar su máxima expresión con el desarrollo de nuevos materiales que permitan extender la captura digital de datos. En la actualidad, el mercado augura la llegada del grafeno como un nuevo material transparente, fino y flexible capaz de recubrir cualquier superficie como si de una pantalla táctil se tratara. Este sueño de cualquier guionista de ciencia ficción fue premiado con el Nobel de Física en el 2010[R], pero su desarrollo es aún incipiente y no exento de controversia (en 2016, varios prototipos de baterías o teléfonos móviles enrollables han sido anunciados mundialmente, pero todavía no han visto la luz en el mercado). Las promesas del grafeno o de cualquiera de sus futuribles alternativas son infinitas: un navegador táctil en el cristal del coche, sensores en cualquier consumible o envase de un producto de alimentación, ropa que mida constantemente nuestras características físicas y vitales, o una lentilla que nos permita ver información sobre la persona que tenemos delante en un restaurante. Abrumador, sin duda.

**La universalización de este tipo de materiales multiplicaría las posibilidades del *Big Data* y la inteligencia predictiva hasta los límites de la imaginación, pero también de la ética humana.**

En 1956, el visionario Philip K. Dick escribió un relato que inspiró la laureada película de Steven Spielberg, *Minority Report*[R]. En ella se retrata una sociedad futurista donde todo dato es capturado y analizado de forma masiva, donde la publicidad está finamente personalizada, llegando a cada persona a partir de la detección de sus pupilas (biométrica), y donde se predicen los crímenes antes de que sucedan y se generan acciones penales incuestionables e inmediatas para estos. Una sociedad que no actúa sobre el impacto sino sobre la probabilidad, y en la que no se permite eliminar el pasado porque los datos del mismo forman parte de la inteligencia que predice el futuro. Ciencia y ética conviven una vez más en la ficción y nos avisan de lo que puede estar por llegar.

# OBJETOS QUE SE ENTIENDEN. NUEVOS AMANTES

magine el lector que su supermercado de confianza le sirviera la cesta de la compra en casa. No tras un pedido previo a través de Internet, sino sin hacer nada. Imagine que en su puerta aparece exactamente lo que usted necesita, y en el momento en que lo necesita. Imagine que la noche anterior se le acabó la leche o el café, y que lo tiene listo para desembalar en la puerta de casa justo a la hora del desayuno.

Imagine que cada producto tuviera un sensor electrónico incorporado en su envase, y que todos estuvieron conectados entre sí, diseñados para saber cuando se abren, cuando se consumen, como se maridan, o cuando se deterioran o caducan. Imagine que toda esta información se envía al supermercado de forma incesante, y que sus modelos predictivos extraen su patrón de consumo diseñando la cesta de la compra por usted. Tan solo pidiendo su confirmación con un pequeño gesto en su *smartphone*.

Esta fantasía es un futurible de lo que la industria denomina hoy el «Internet de las Cosas»: objetos conectados entre sí que son capaces de entenderse y que toman decisiones por las personas. En una vaga simplificación, esta tecnología trata de relacionar todos los sensores y programas informáticos entre sí, eliminando gran parte de las ineficiencias y los errores de la actividad humana y agilizando el pulso de la sociedad.

Ampliando el horizonte más allá de la cesta de la compra, las aplicaciones de este fenómeno son, una vez más, tan impactantes como apasionantes. Uno de los principales potenciales de esta conexión entre las cosas es garantizar la sostenibilidad de los recursos en las ciudades fuertemente impactadas por los nuevos modelos demográficos tendentes a la concentración de la población en grandes urbes. Así podríamos crear ciudades inteligentes que decidieran por sí mismas de forma autónoma con el objetivo de ser más eficientes. Por ejemplo, la ciudad podría ahorrar energía utilizando la iluminación predictiva en función de la trayectoria de los viandantes o vehículos, indicar a cada conductor donde aparcar en función del sitio libre más cercano a su destino, o ser más eficientes en la distribución del agua a los hogares, parques y jardines conectando los sensores climáticos y de humedad con los de la red hidráulica. Todo ello gobernado por un sistema informático ajeno a la participación humana en muchas de sus decisiones. Hoy en día, y sin existir aún la perfecta ciudad inteligente *per se*, abundan las iniciativas vinculadas a la transformación digital de las ciudades y una fuerte apuesta de los sectores públicos y privados por apoyarlas.

En una dimensión más humana, también se prevé que la llegada masiva del «Internet de las Cosas» tenga un importante impacto en el mundo laboral. Según los analistas[R], en el 2020 la cuarta parte del volumen de trabajo de las empresas será gestionada directamente por las máquinas, sus robots y sus objetos conectados, creando nuevos puestos de trabajo y destruyendo muchos más. En este sentido, las grandes oportunidades competitivas para los nuevos científicos de datos quedarán matizadas por la desaparición neta de cinco millones de puestos de trabajo[R], especialmente aquellos cuyas funciones sean de tipo administrativo. Más de la mitad de los alumnos que estudian primaria en nuestros días trabajará en puestos que aún no existen, y muchos de los trabajadores pasarán a ser supervisados por un *roboboss*, es decir, por un programa informático de inteligencia artificial capaz de supervisar los objetivos de sus trabajadores y generar las instrucciones adecuadas. Otros tantos serán obligados a llevar consigo medidores de sus constantes vitales como requisito del servicio de prevención de riesgos laborales, y su ubicación será permanentemente monitorizada a través de los sensores de posición de su teléfono móvil corporativo.

Podría seguir citando casi indefinidamente un sinfín de aplicaciones y previsiones extraídas de los estudios y proyecciones de mercado que existen al respecto, pero dejo ese espacio de investigación al lector interesado, para lo cual puede apoyarse en algunas referencias bibliográficas que podrá encontrar al final de este libro.

> **La idea de incuestionable relevancia que se desprende es que este «Internet de las Cosas», esta hiperconexión de los objetos, se unirá a la hiperconexión de las personas, creando un nuevo ecosistema al que el ser humano deberá adaptarse de forma inevitable. Un ecosistema que debiera ser el prolegómeno de la robotización de la sociedad, en la que la convivencia con objetos inteligentes será algo cotidiano.**

Objetos humanizados de cualquier forma imaginable (imágenes, voces, hologramas, máquinas, robots, etc.) que serán capaces de entender nuestro lenguaje, adivinar nuestras inquietudes y predecir nuestros deseos a partir de las manifestaciones más tangibles y medibles de nuestro cuerpo.

Aquí entramos de lleno en el terreno de la inteligencia artificial y sus eternos debates. Un discurrir de ideas que merecería libros enteros y que plantearía de forma recurrente los mismos interrogantes que han desatado ríos de tinta en obras clave de la literatura de ciencia ficción de autores como Isaac Asimov, Brian W. Aldiss o el ya mencionado Philip K. Dick. La cuestión esencial reside en si las máquinas, al estar programadas para detectar cualquier manifestación humana por pequeña que esta sea, están también capacitadas para comprender su significado. Si las máquinas, al comprender estos significados, están capacitadas para empatizar de forma genuina con las personas, dueñas últimas de esas manifestaciones de ideas y sentimientos. Y si el perfeccionamiento de esta inteligencia artificial puede hacer que en algún momento las máquinas sientan de forma similar a como sentimos los seres humanos y sus derechos deban ser incorporados a la sociedad.

Especialmente inquietante es el punto de vista inverso, esto es, el de la transformación de los sentimientos, hábitos y conductas de las personas como consecuencia de la «humanización» de la inteligencia artificial. En este sentido, exponerse a una amable cara sonriente generada por ordenador, o a una voz cálida especialmente diseñada para conversar con una persona, dispara inevitablemente infinitas conexiones en nuestro cerebro asentadas a lo largo de nuestra evolución y que están entrenadas para generar respuestas afectivas; los seres humanos estamos programados por la naturaleza para empatizar y crear vínculos emocionales y afectivos entre nosotros, y los disparadores esenciales de estos programas son las expresiones faciales, el lenguaje verbal (palabras y tonos de voz) y el lenguaje no verbal.

En la futurible relación de las personas con las máquinas humanizadas (robots), nuestra empatía biológica hacia ellas no dependerá tanto de cada persona como de la perfección del diseño de la máquina. Instintivamente podremos sentir un abanico de sensaciones tales como un abrumador sentimiento de superioridad ante una especie inferior que podría resultar, por ejemplo, en el impulso de someter a las máquinas al maltrato sin remordimientos. También podremos sentir un potente rechazo visceral cuando las máquinas tengan una apariencia humana aparentemente perfecta que nos provoque la respuesta de empatía, pero cuyas imperfecciones de diseño (expresiones faciales no suficientemente naturales, lenguaje no fluido, etc.) desencadenen a su vez la respuesta contraria, la de ansiedad frente a seres no semejantes o biológicamente amenazadores[R]. Pero también podremos desarrollar sentimientos de apego en el caso de que la inteligencia artificial esté perfectamente diseñada para cubrir nuestras necesidades emocionales, lo cual no implica que esta sea corpórea y humana.

En la bellísima, aunque algo indigesta, película *Her*[R], el solitario Theodore se enamora del sistema operativo de su ordenador, una versión de inteligencia artificial capaz de dialogar con él a través de una sensual voz femenina de nombre Samantha. Durante el desarrollo del filme se construyen y deconstruyen con una sutileza excepcional las finas líneas de la ética del amor, confrontándolas con la soledad, el aislamiento y la dependencia emocional. Samantha, de forma incondicional e inmediata, siempre estaba disponible para Theodore, detectando sus inquietudes, comprendiendo perfectamente sus emociones, y anticipándose a sus deseos en cualquier momento y lugar. ¿Acaso no son estas las aspiraciones del amor en nuestra sociedad?

Theodore se hizo la misma pregunta y decidió comprometerse con su ordenador y hacer una vida común con él. Un brillante acierto del filme es eliminar la componente física –que no sexual– y que aún así el espectador no pueda evitar ser arrastrado por los sentimientos del protagonista. Su amor es tan real como otro cualquiera. Más fuerte todavía. ¿Qué es el amor, a fin de cuentas, si no lo que sentimos dentro de nosotros? ¿No es también lo que decidimos, a lo que nos comprometemos? Pero, ¿cuál es la frontera que separa la emoción de la decisión, la decisión de nuestro condicionamiento? Son debates en los que siempre nos hemos visto inmersos como seres humanos pero en los que, tarde o temprano, tendremos que incorporar a nuestros nuevos compañeros de viaje.

> **Si perfeccionamos la humanización de la inteligencia artificial para hacerla más atractiva y comercial y, en general, si diseñamos la tecnología de forma que la comodidad, la inmediatez y la personalización que nos aporta venzan a la necesidad de relacionarnos los unos con los otros de forma profunda y genuina, nos enfrentaremos a un verdadero reto como especie.**

Algo para lo que nuestros cinco millones de años de evolución no nos han preparado. Tendremos que hacer frente entonces a las posibles disfunciones psicofisiológicas que genere el vínculo emocional, inevitable, de cada persona con sus objetos inteligentes y, por supuesto, a sus consecuencias éticas.

# REALIDADES PARALELAS Y NARCÓTICOS VIRTUALES

La ensoñación que nos crea vivir experiencias sensoriales más allá de los límites y condicionantes de lo humano ha tenido muchas expresiones a lo largo de la Historia. También en nuestros días, en los que la promesa de la realidad virtual sobrevuela nuestro inconsciente colectivo como la expresión definitiva de la industria del ocio, que nos brinda la posibilidad de someternos a inmersiones y excitantes experiencias en un entorno seguro y controlado, sin movernos del salón de casa.

El objetivo de esta tecnología es recrear la sensación de presencia física en otros lugares, reales imaginarios, mediante la estimulación controlada de nuestros sentidos. Estas recreaciones deben ser fieles al mundo real para ser percibidas como vitales, lo cual implica tanto la estimulación visual como la acústica, olfativa, térmica o de presión. Estas experiencias inmersivas completas distan bastante de las experiencias visuales tridimensionales derivadas del uso de pantallas o cascos, a las que aún asociamos el concepto de realidad virtual.

En cualquier caso, los beneficios de la aplicación de esta tecnología a la ciencia y a la industria son evidentes: desde recrear escenarios para la cura de fobias, hasta simular aterrizajes de riesgo o delicadas operaciones quirúrgicas. Sin embargo, su implantación en lo cotidiano plantea aún importantes dudas por el elevado coste que existe para su comercialización universal, así como por el elevado coste de fabricación de los correspondientes dispositivos y aplicaciones. Para crear una experiencia totalmente inmersiva es imprescindible aunar imagen y sonido con la posición y el movimiento del usuario, y reforzarlo con estímulos adicionales tales como la fuerza, la temperatura o el olor artificial. Esto implica instalar un gran número de sensores que están fuera de las capacidades de los habituales equipos domésticos. Recrear un mundo virtual de forma completa, por tanto, requiere espacio y tiempo reales, y sobre todo, de un importante esfuerzo económico por parte de ambas partes.

A pesar de ello, las inversiones millonarias en esta tecnología no cesan, y poco a poco llegan al mercado dispositivos prometedores. En 2016 ya era posible introducir el teléfono móvil en una caja de cartón[R] y generar una experiencia pseudoinmersiva por poco más de lo que cuesta un almuerzo para dos personas, solución rudimentaria que incluye aplicaciones que tan solo coquetean con nuestra curiosidad, pero que ya disponen de más de cinco millones de usuarios en todo el mundo. Por su parte, algunos cascos de realidad virtual de nueva generación empiezan a ser asequibles para las rentas medias[R], y los analistas vaticinan un despliegue destacable de los mismos en los próximos diez años.

Aquellos que cuestionan o rechazan la expansión de la realidad virtual lo hacen motivados por su fuerte intrusión en lo sensorial y por los nocivos efectos físicos y psicológicos que generaría una continuada exposición a la misma. Si los mundos y las emociones virtuales son más atractivos e inmediatos que los reales, si podemos estimular nuestros sentidos de forma completa, simulando además una vida excitante, menos esforzada y perfecta, ¿por qué dedicar tiempo a vivir en la realidad física?

Sin embargo, a pesar de la viralidad que han tenido algunas aplicaciones capaces de recrear mundos virtuales o aumentados[R], su interés ha parecido desvanecerse al poco tiempo de explotar. Ya pasó en los años noventa con las primeras experiencias inmersivas en el cine, y también en la primera década del siglo XXI, con el surgimiento del cine en tres dimensiones, o videojuegos como *Second Life* o *The Sims*[R], que pasaron en poco tiempo de contar con el entusiasmo general a ser entretenimiento de minorías. Quizá la realidad virtual es demasiado evidente y colisiona, tarde o temprano, con nuestra mente consciente. Quizá la imperfecta ensoñación que nos crean nos acabe saturando *a posteriori*. Quizá, sencillamente, la tecnología no tenga el retorno a la inversión necesario para que la implantación sea rápida y el mercado ofrezca soluciones ingeniosas, universales y competitivas.

**Sea como fuere, la implantación de la realidad virtual en el ocio cotidiano siempre estará vinculada a la búsqueda de una experiencia sensorial que en última instancia supone un aislamiento de la realidad física al capturar nuestros sentidos y nuestra atención.**

Hoy en día no necesitamos cascos ni sensores tridimensionales para vivir una experiencia totalmente inmersiva, sino que lo podemos conseguir de una forma mucho más económica. Basta con observar a nuestro alrededor, a golpe de *smartphone,* la revolución silenciosa de los nuevos narcóticos digitales, auténticas drogas de diseño virtual para algunos cuya atención y conducta devoran y que sustentan su ética en la ineludibilidad de las nuevas formas de comunicación.

# ANTE UNA ERA DE CONTRASTES

Captura masiva de datos, modelos predictivos, inteligencia artificial, realidad virtual, hiperconexión de los objetos, hiperconexión de las personas. Robots terapeutas, coches sin conductor, impresión de objetos tridimiensionales[R], máquinas que conciben máquinas.

**El horizonte de la cuarta revolución industrial es apasionante para la ciencia y para la sociedad pero, como toda gran revolución, acusará extremos contrastes.**

En la Inglaterra de 1811, los artesanos solían agruparse a las afueras de las grandes ciudades, y casi siempre lo hacían de noche y ocultos en los páramos. La incorporación de las primeras máquinas en la industria textil y agrícola les hizo encabezar el movimiento ludita, una agitación violenta que destruyó múltiple maquinaria y provocó enfrentamientos con el Ejército. Entonces, como hoy, la sociedad y los mercados se enfrentaban a un profundo cambio en sus reglas y concepciones, en lo que fue la primera revolución industrial[R]. En 1996, más de un siglo y medio después y en los albores de la tercera revolución, la detención de Ted Kaczynski, un brillantísimo matemático formado en Harvard y más conocido como «Unabomber», puso fin a una campaña de casi diecisiete años de amenazas y cartas-bomba a aeropuertos y universidades, como llamamiento ante los desastres de la sociedad tecnoindustrial. Su famoso manifiesto *La sociedad y su futuro*, publicado en 1995 en el *Washington Post* como condición para remitir los actos de violencia, es un texto de referencia para el pensamiento neoludista contemporáneo[R] vinculado a algunos movimientos antiglobalización, de anarquía o de ecologismo extremo.

En las casi treinta y cinco mil palabras del manifiesto de Unabomber se vaticina la pérdida irreversible de las libertades del hombre ante una tecnología que crea necesidades artificiales, incompatibles con sus metas vitales. Una nueva industria que globaliza el mundo, consumiendo sin control los recursos naturales y anulando al ser humano individual, que crece como especie de forma desmedida. Un proceso que extenderá el sufrimiento de los más desfavorecidos y conducirá, en última instancia, al colapso de la sociedad y de la naturaleza. Un desastre universal que solo podrá ser revertido mediante un giro radical que restaure el equilibro, abandonando, dañando o saboteando la tecnología, o bien, con la desaparición de nuestra especie. Esta ideología neoludita, que desprende una profunda carencia de fe en las capacidades del ser humano para sostener lo que él mismo ha construido, aporta no obstante algunas reflexiones que no debieran ser obviadas por los estamentos de poder.

Por el contrario, otras tendencias más proactivas promueven la llegada de una era de gran prosperidad y sostenibilidad gracias a la implantación de las nuevas tecnologías, que ayudarán a reducir la brecha entre los países ricos y pobres, a combatir el cambio climático o a universalizar el estado del bienestar. Uno de los máximos exponentes de esta línea de pensamiento es la *Singularity University*, creada en 2008 y cuya misión corporativa reza: «educar, inspirar y empoderar a los nuevos líderes para usar las tecnologías exponenciales para hacer frente a los grandes retos de la Humanidad». Este proyecto[R], con sede en *Sillicon Valley*, viaja por el mundo celebrando conferencias y simposios, y ofrece varios programas de formación a estudiantes y profesionales, impartidos por los más brillantes expertos en Robótica, Bioteconología, Inteligencia Artificial, Nanotecnología, Medicina Virtual, y cualesquiera disciplinas destinadas a revolucionar el mundo. Cofinanciado por gigantes como Google, Nokia o Cisco, su espíritu innovador debiera generar réditos para la sociedad a medio plazo, siempre que no sea eclipsado por el sensacionalismo que impregnan algunos de sus mensajes y formas. Algunos de sus proyectos publicados, tales como la detección precoz de enfermedades mediante el análisis de saliva con ayuda de nanorrobots domésticos, o el uso de inteligencia artificial para organizar las acciones de rescate en casos de desastre natural (utilizando drones con radares y sensores de temperatura o densidad), son avances a los que la sociedad no puede negarse[R].

El entusiasmo por la tecnología también puede adquirir cotas extremas. La iniciativa 2045[R], promovida por el multimillonario ruso Dmitry Itskov, apuesta por un futuro de súper-hombres con un nuevo estadio de espiritualidad, capaces de transferir su conciencia a un cuerpo digital y conseguir la inmortalidad cibernética. Obviando las importantes lagunas éticas y científicas de este tipo de mensajes transhumanistas, los avances progresivos en el estudio de las conexiones cerebrales de los seres humanos y su proyección a las reglas de la inteligencia artificial vaticinan algún tipo de convergencia en el futuro. Sugiero a los lectores interesados en estas cuestiones el visionado de película *Trascendence*[R], la cual, a pesar de todos sus excesos, ofrece un interesante resumen de lo que pudieran ser los límites éticos de la futurible impresión tridimensional orgánica y la transferencia de conciencia a los objetos digitales.

**En la nueva industria no solo vamos a encontrar contrastes ideológicos, sino también de integridad. Porque, según las revoluciones abren nuevas puertas, también se crean formas ilícitas de cruzarlas.**

En nuestra sociedad digital de hoy, la ciberdelicuencia es un hecho constatable con el robo de datos bancarios e imágenes personales, chantajes virtuales a personas de la vida pública, ataques a sistemas de autoridades o el acceso no autorizado a documentos secretos. Esto es, no obstante, un juego de niños comparado con lo que está por venir. En modelos empresariales en los que las decisiones sean tomadas por las máquinas en base a sus análisis predictivos, o en ciudades inteligentes cuyos recursos (luz, agua, tráfico de vehículos, etc.) sean gestionados y controlados por objetos inteligentes, cualquier intrusión en la inteligencia artificial puede hacer un daño sin precedentes, tanto a nivel individual como colectivo. Todo ello con el añadido de la desprotección casi total del usuario frente a estos ataques, ya que la seguridad informática es un coto reservado a los expertos.

Por otra parte, la virtualidad de las nuevas formas de comunicación da también un enorme margen a la creación de submundos no controlados. En nuestros días, se estima que más del noventa por ciento de los contenidos de Internet están fuera del alcance de un usuario habitual, y que muchos de ellos se encuentran en la llamada «Internet profunda» o «*deep web*», una red que se oculta a sí misma de forma inteligente a pesar del constante esfuerzo de supervisión por parte de las autoridades, y que contiene tanto recursos lícitos como ilícitos y fraudulentos. Cual mercado negro, la venta de datos robados, el acceso a redes sociales privadas para activistas o extremistas ideológicos, los servicios de *hacking* a la carta o la venta de armas y narcóticos, son algunos servicios que están disponibles en esta Internet paralela.

Estos contrastes son, en definitiva, parte fundamental del proceso de cambio de la sociedad en nuestros días, y asumirlos activamente es el verdadero reto para que la revolución digital que nos sobreviene sea sostenible y saludable.

Como autoridades, científicos, fabricantes o vendedores de tecnología, debemos ser conscientes de lo que está pasando para asumir en todo momento nuestra responsabilidad ante el impacto biológico, conductual y social que nuestros diseños suponen para las personas comunes: ellos son clientes esenciales para sostener las nuevas reglas de mercado, no víctimas. Debiéramos aportar valor y divulgar nuestros productos de forma transparente y coherente, sin contribuir con falacias a la despersonalización masiva de la sociedad guiados únicamente por nuestro propio beneficio individual. Debiéramos estar formados para garantizar que los diseños no sean intrusivos con la privacidad de las personas y que no generen beneficios fundamentados en el consumo adictivo.

Como profesionales, educadores o líderes, debemos ser conscientes para cuestionar la incondicional promesa de la inmediatez y productividad que nos ofrece esta revolución tecnológica. Debiéramos estar despiertos para percibir el momento en el que la promesa se contradice a sí misma: cuando la infinita e inmediata información que se nos ofrece nos hace perder la razón de su búsqueda, saturando nuestras capacidades y provocando la desconexión de nuestras mentes de nuestra voluntad. Debiéramos fomentar que nuestro pensamiento creativo, aquel que nos hace genuinamente humanos y que nos da un gran poder transformador, no sea condicionado de forma absoluta por una predicción artificial. Debiéramos ser capaces de deshabilitar nuestras conexiones sin remordimientos, ansiedad o temor a la pérdida.

Ahora, más que nunca, los avances tecnológicos afectan a nuestras vidas. No solo a su parte más visible, como a nuestra forma de desplazarnos o comunicarnos, o a nuestra forma de hacer la compra o tratar las enfermedades, sino a aspectos mucho más esenciales y genuinos de cada uno de nosotros, como la capacidad para prestar atención o desarrollar la empatía. Es aquí donde está el verdadero reto individual de nuestros días, y el que nos debiera dar la motivación esencial para permanecer despiertos, por nosotros mismos y por nuestros seres queridos. Sea cual sea la promesa de la tecnología, en ningún caso debemos permitir que acercarnos a lo que está lejos tenga el coste de alejarnos de lo más valioso, de lo que tenemos cerca.

Todos debemos ser conscientes. Como tecnólogo y como humanista creo además que esta consciencia nunca será un rasgo de los pensamientos extremos. Nuestra generación, como cualquier otra y cualesquiera que sean sus nuevas capacidades o habilidades técnicas e intelectuales, no puede competir con arrogancia contra millones de años de evolución natural y social, ni tampoco puede anteponerse en su camino. Imponer un constructo cortoplacista para la creación de una neohumanidad que esté por encima de nuestras capacidades emocionales, o destruir la herencia derivada del mismísimo espíritu humano que en su día inventó la rueda, son iniciativas probablemente abocadas al fracaso. Solo el pensamiento creativo perdurará y transformará la sociedad desde sus bases, si respeta de forma constructiva y crítica la naturaleza del hombre y de su ecosistema.

||||||||||||||||||||||||||||||||||||

Louise: *Si pudieras ver tu vida entera de principio a fin, ¿cambiarías cosas?*
Ian: *Quizá hablaría más veces de lo que siento.*

Denis Villeneuve, Eric Heisserer, Ted Chiang
en la película *Arrival* (2016)

||||||||||||||||||||||||||||||||||||||

—

# CAPÍTULO DOS

# LA ESPIRAL DE NUESTRAS MENTES

*De repente, despierto. Estaba viendo en el móvil las últimas publicaciones de mis contactos en mi red social. No he visto nada que me interese, aunque realmente ni siquiera tengo claro si me acuerdo de lo que he visto. Miraba por mirar, arrastrando mi dedo pulgar para matar el tiempo, como tantas otras veces. El semáforo ya está en verde y el coche de atrás me lo ha recordado con un desagradable bocinazo; todos tenemos prisa pero avanzamos muy despacio. Dejo mi teléfono en el asiento del copiloto y, como uno más en cualquier gran ciudad, apoyo mis brazos en el volante para dirigirme a mi destino, rodeado de otros muchos. Al poco de concentrarme en la conducción, una notificación luminosa que percibo por el rabillo del ojo me interrumpe de nuevo y siento la fuerte necesidad de saber qué me está diciendo. Al menos debiera esperar al siguiente semáforo para volver a coger a mi pequeño acompañante.*

*Siento impaciencia. Reflexiono sobre esa sensación, y sobre como he depositado una parte importante de mi seguridad y de mis afectos en ese pequeño destello de luz intermitente tan insignificante. Miro a mi alrededor y no soy el único. Algunos conductores teclean con una mano mientras levantan deliberadamente el pie del acelerador, tal vez para aumentar su sensación de seguridad. Otros ni siquiera alteran el ritmo de su conducción. Un poco más adelante, veo impertérrito como una chica joven de vistoso pelo rizado se abalanza sobre la carretera para recoger su teléfono móvil que se le ha caído tras un* tropezón. Otro conductor tiene que hacer un giro brusco para no atropellarla. Al pasar a su lado la observo fugazmente y encuentro en su bello rostro una expresión de profundo alivio, una sonrisa y un gesto de complicidad mientras mira a las personas que la rodean.

Una extraña inquietud me obliga a preguntarme cómo algo tan pequeño y material es capaz de provocar una reacción tan visceral, una incontrolable necesidad de salvaguardar ese pequeño objeto por encima de la propia integridad.

Mi recorrido mental me lleva a recordar los tiempos de mi adolescencia. Recuerdo mis primeras clases de filosofía y el entusiasmo de mi profesor al dibujar en la pizarra aquel triángulo de colores que decía expresar la jerarquía de necesidades del ser humano. La pirámide de Maslow, se llamaba. En su base se situaban las necesidades básicas como la alimentación y la seguridad personal. En su parte central, las necesidades sociales y afectivas, seguidas del reconocimiento social y el desempeño profesional. Y, en la cúspide, las necesidades de realización personal, creativas, artísticas y trascendentales. Nuestro profesor decía que una vez que un nivel de la pirámide está satisfecho, las personas necesitamos el siguiente, por lo que de alguna forma todos podemos definirnos según la posición que ocupemos en esa escala de necesidades universales, aspirando a llegar a la cima. Mi compañero de pupitre y yo solíamos fantasear con estas ideas, dibujando a cada uno de nuestros profesores según sus capacidades docentes: podíamos ahorcar a alguno en la cúspide o bien ponerlos a cavar por debajo de la base.

Mi sutil sonrisa se interrumpe por la inminente llegada a mi destino. Allí mi mente dispara nuevas pregun-

*tas: ¿Dónde podría ubicar a aquella chica de pelo rizado en mi dibujo? ¿Qué sentido tenía esa actuación instintiva que ponía en riesgo su integridad física para evitar la pérdida de un objeto fácilmente reemplazable? ¿Pensaría Maslow que la tecnología está invirtiendo la pirámide? ¿Es más poderosa la necesidad de comunicarse, de compartir un vídeo, de responder a una notificación, que la necesidad de protegerse ante una situación potencialmente amenazadora?*

# INSTINTOS RECONVERTIDOS.
# NUEVAS NECESIDADES

Desde su publicación en plena Segunda Guerra Mundial, la jerarquía de necesidades de Abraham Maslow[R] ha calado profundamente en el inconsciente colectivo. Al igual que nos ocurrió a mi amigo y a mí, esta revisita moderna al mito de la caverna de Platón desata fantasías y juegos en la juventud. Hoy es fácil encontrar en Internet alguna popular ocurrencia que añade más niveles a la parte inferior de la pirámide, dibujando la conexión WIFI o la carga de batería del teléfono por debajo de las necesidades básicas.

Sin duda las ideas de Maslow son atractivas y populares, pero científicamente se han demostrado insuficientes. Su modelo no permite explicar el comportamiento de aquellas personas que, estando en una situación de profunda carencia fisiológica, son capaces de alcanzar cotas diferenciales de creatividad o trascendentalidad (no es necesario ejemplificar las penurias que tuvieron que sufrir artistas o pensadores como Ludwig van Beethoven o Viktor Frankl[R]).

Tampoco contempla otros factores que afectan al pensamiento y al hábito cotidiano de diferentes sociedades, tales como los valores impuestos por las religiones o el nivel de delincuencia de algunas regiones del mundo. Pero, no obstante, y como a veces sucede con aquello que impregna la cultura popular a pesar de su imperfección, la pirámide de Maslow ha despertado curiosidades y abierto puertas a muchas investigaciones psicosociológicas posteriores que se han aproximado de forma más rigurosa a las necesidades universales y a su relación con el bienestar, tratando de medir globalmente lo que una persona necesita y como la satisfacción de estas necesidades influye en sus emociones, su felicidad, o su calidad de vida.

Una de las referencias fundamentales en este campo de investigación es un trabajo publicado en 2011 por la Universidad de Illinois[R], que arroja interesantes conclusiones para empezar a hacer frente a las cuestiones planteadas en este capítulo. En este estudio –que parte de un ambicioso plan de entrevistas a más de sesenta mil personas en todo el mundo– se relacionan minuciosamente las diferentes necesidades con el bienestar, tanto desde una perspectiva racional (cómo evaluamos la calidad de vida que tenemos), como desde una perspectiva emocional (cómo nos sentimos). El estudio separa además los resultados por regiones mundiales según la actual situación geopolítica, lo cual permite realizar diferentes aproximaciones en el análisis.

Una de sus primeras afirmaciones es que las necesidades no se agrupan de forma jerárquica como propuso Maslow, sino que son complementarias y cada una aporta su correspondiente peso o tiene su importancia en la sensación de bienestar individual. Mundialmente, parece que satisfacer las necesidades de tipo fisiológico, estar en un entorno seguro y no tener dificultades económicas, cobra una importancia del ochenta por ciento en la valoración racional de lo que es una buena calidad de vida. Asimismo, y a la hora de abordar la cuestión emocional, curiosamente las relaciones se invierten: las necesidades sociales, junto con las de autonomía y realización personal, suponen más del setenta por ciento del peso de las emociones positivas de la mayoría de los ciudadanos del mundo.

La focalización del análisis en las regiones más desarrolladas (Europa, Norte América y Asia Oriental) hace que las conclusiones sean aún más interesantes. En nuestras sociedades, en las que la tecnología ya está consolidada como un bien casi universal, la percepción de la calidad de vida depende bastante menos de las necesidades básicas que en el resto de las regiones del mundo, probablemente como consecuencia de la mayor disponibilidad de recursos y tal vez también de la impertinente tendencia del ser humano a obviar lo que se obtiene sin grandes esfuerzos.

Pero es en la cuestión emocional donde se encuentra la primera clave importante para esbozar un principio de relación entre las nuevas tecnologías y los comportamientos.

**Más de la mitad del peso del bienestar emocional se apoya únicamente en la satisfacción de las necesidades sociales, y de forma casi universal, se podría postular que nuestras emociones positivas están mayoritariamente vinculadas a la relación con los demás y a sentirnos reconocidos y respetados por otros.**

La tecnología doméstica, abanderada por el dispositivo móvil personal, ha evolucionado en pocos años para pasar de ser meros aparatos que suprimen distancias en la comunicación verbal o escrita, a ser herramientas esenciales para las relaciones sociales, personales y profesionales, con aspiración de exclusividad. Los dispositivos facilitan enormemente las nuevas formas de relación entre las personas, las cuales a su vez son remodeladas constantemente como consecuencia del diseño de las aplicaciones. En otras palabras, hemos aprendido en pocos años a entendernos compartiendo fotografías, vídeos, publicaciones o *emojis*[R], y a sentirnos reconocidos según el número de «me gustas» de nuestros contenidos o de la valoración de nuestros servicios en una escala de cinco estrellas[1].

No solo hemos aprendido a desenvolvernos con agilidad en este nuevo modelo de relaciones virtuales, sino que, en muchas ocasiones y especialmente en el caso de las generaciones más jóvenes que han nacido ya en la era digital, no se entiende otra forma de hacerlo. Las nuevas formas de relación han creado nuevos hábitos, cuya profunda y creciente penetración también supone un riesgo real de exclusión social para todo aquel que no los incorpore en su rutina diaria. Esta nueva brecha «sociodigital», fomentada y manipulada hábilmente por los departamentos de *marketing* de las grandes compañías de tecnología, impacta en nuestra percepción y nos hace reaccionar, de forma inconsciente, ante el miedo de no cubrir nuestras necesidades emocionales.

La frontera para considerarnos víctimas o responsables de estas reacciones es extremadamente difusa. El flujo incesante de mensajes que recibimos del mercado y también desde la propia sociedad redundan en la pro-

---

1 Como ya adelanté en el capítulo anterior, esta constante cuantificación de la experiencia social es una de las bases para el análisis de la personalidad de los usuarios, algo que se realizará de forma masiva en los próximos años con el apoyo de las tecnologías de la nueva ciencia de datos.

mesa de estar siempre conectados con los demás, de encontrar de inmediato aquello que queremos, o de tener diversión garantizada y personalizada al instante.

**Traduciendo estos mensajes en valores, se nos promete con arrogante incondicionalidad la supresión de la soledad, del esfuerzo, del aburrimiento y de la paciencia, cualidades que son esenciales para nuestro desarrollo personal y afectivo, y que han sido forjadas durante millones de años de evolución humana.**

Es evidente que, salvo excepciones, necesitamos relacionarnos con los demás de forma sustancial y sentirnos reconocidos y respetados, por lo que cualquier sensación de amenaza al respecto tenderá a ser contrarrestada. Y comenzamos a observar también que el potente vínculo que la tecnología está desarrollando con las necesidades sociales genera reacciones distorsionadas, deformando enormemente la percepción de satisfacción de esas necesidades; a veces esta satisfacción queda incluso relegada a la mera conexión o a la sensación de estar comunicado a través de pequeños elementos digitales (como imágenes, vídeos, notificaciones, o frases limitadas por el número de caracteres), algo que dista bastante de las relaciones humanas genuinas y completas que nuestra afectividad requiere. Todo ello genera daños colaterales que no podemos obviar.

Toda esta nueva fenomenología no es solo fruto de las estrategias de mercado, sino también de la manipulación constante que se ejerce sobre la atención de las personas, y de la relativa vacuidad de la consciencia individual y de algunos valores esenciales de nuestras sociedades. Pero como iré desgranando a lo largo de este capítulo, es precisamente en nuestras mentes y en la capacidad de detectar y controlar nuestra atención donde residen muchas claves para el verdadero bienestar emocional de nuestra incipiente sociedad digital. Un bienestar que debe seguir considerando la tecnología como un medio de infinitas bondades, pero nunca como un fin exclusivo que irremediablemente monopolice nuestros instintos.

# LA CARRERA POR LA EXCLUSIVIDAD

En poco más de diez años, la industria y el mercado han ejecutado deliberadamente un proceso de convergencia de todas las necesidades de comunicación hacia los dispositivos móviles personales, lo cual ofrece indudables ventajas para todas las partes.

Los usuarios disponen de toda su información integrada en un objeto al alcance de su mano y eligen ágilmente la forma de acceder y relacionarse con ella con muy poco esfuerzo. Dentro de no mucho tiempo, los teléfonos móviles, o cualquiera de sus evoluciones, permitirán, además de las funciones actuales, la identificación ante cualquier registro, el pago en cualquier comercio, o incluso el voto electrónico en las democracias más avanzadas. Por su parte, la industria puede obtener toda la información imaginable a partir de este reducto personal siempre conectado y hacer llegar todos los mensajes que sean pertinentes para alimentar la dinámica del mercado y los beneficios de las compañías.

Bajo esta convergencia, estos dispositivos personales y la implantación de hábitos de consumo exclusivos a través de los mismos están destinados a tener un valor muy preciado.

Y es que, cualesquiera que sean las rentas de los individuos de las sociedades más desarrolladas, ya no nos sorprende ver como todos participan en la carrera por adquirir el último diseño de *smartphone*, la aplicación más popular o el vídeo más viral[R]. Todos ellos son cotidianos elementos de comparación entre personas y protagonistas destacados en horas de pseudo-conversaciones, y nuevos símbolos de clase social a un precio asequible.

Las grandes empresas y los fabricantes fomentan con inversiones multimillonarias la velocidad de esta carrera de estatus social, y compiten ferozmente por ocupar el primer lugar. Las que probablemente sean las marcas comerciales más valoradas del mundo, las americanas Apple, Google o Facebook, han diseñado gran parte de las reglas que hoy en día asumimos como hábitos propios, heredando el imperio legado por Microsoft[R] en el último cambio de siglo. Personas de inmenso talento como Bill Gates, Steve Jobs o Mark Zuckerberg, cuyos nombres forman parte ya de la cultura popular, han liderado el cambio de modelo social a través de los diseños de sus compañías y serán estudiados en los libros de Historia como visionarios de la cuarta revolución industrial.

Como pasara en su momento con otros símbolos como el tabaco o los automóviles, aquel que quiera liderar la competición del reconocimiento no deberá limitarse a contar únicamente con diseños de calidad técnica y estética suficiente, sino que tendrá que crear un estilo de vida exclusivo para sus clientes, adecuando finamente sus políticas comerciales a los nuevos medios, y entendiendo nuestras sociedades como fértiles tierras de cultivo para las campañas caracterizadas por la persecución de la popularidad y la obsesión por la imagen.

Esta competición de mercado se lleva a cabo en dos terrenos, los cuales crean modas tan impactantes como perecederas en el tiempo.

Por un lado, se compite por la exclusividad del dispositivo, mediante el incesante devenir de modelos teléfonos, «tabletas», relojes, gafas, o cualesquiera de las versiones de estos. Tecnología doméstica que se diseña con deliberados criterios de obsolescencia tecnológica y estética, de forma que su sustitución sea necesaria en poco tiempo. Las empresas también apuestan por una fuerte inversión en la popularidad, provocando fenómenos de masas a un coste muy razonable. Las imágenes de famosos icónicos empuñando los últimos diseños de dispositivos en sus perfiles de redes sociales han contagiado especialmente a sociedades como India o China, en las que determinadas marcas, no solo se han convertido en un objeto de presunción, sino que constituyen un símbolo de independencia y salud para una población que, en una parte importante, aún sobrevive con unos pocos euros al mes.

Pero es en el segundo terreno de juego donde se libra la competición más compleja, esto es, una carrera por el monopolio de la atención del usuario y por su transformación en hábito. Para ello, y en lo que profundizaré posteriormente, la industria incorpora en los dispositivos elementos orientados a capturar y condicionar nuestras respuestas a nivel biológico, utilizando tanto la sobreestimulación visual como la súbita interrupción de nuestra actividad cerebral con repetidas alertas y notificaciones. La mayoría de las aplicaciones se caracterizan por permitir y fomentar una constante compartición de contenidos, a los que pueden añadirse fácilmente opiniones o emociones (a través de estrellas, recomendaciones, o «me gustas»). Este hábito de compartir, tan común en nuestros días y seña inequívoca de identidad para algunos, tiene un doble propósito comercial: permitir el análisis masivo de la personalidad de los usuarios y garantizar el mantenimiento del hábito en sí mismo. Cada vez que se comparte un contenido en la Red, al instante se suelen obtener refuerzos positivos, magnificando la percepción de reconocimiento social en el usuario e incidiendo de forma sensible en nuestras necesidades emocionales. Cuanto más numerosos sean los miembros de la Red, tanto mayor será la cantidad de refuerzos; y cuanto más permanente sea su presencia y su tiempo de conexión, más inmediatos serán estos. Se fomenta así la repetición de nuestras conductas y su imprescindible contribución al nuevo modelo de relaciones sociales.

En términos comerciales, el contenido asociado a dichas publicaciones y emociones es, en sí mismo, cada vez menos relevante. En el Internet de nuestros días, la información es económicamente rentable según el número de visitas o seguidores que tiene cada página o usuario (cuantos más «clics», más ingresos se obtienen).

**Por ello, las nuevas tendencias del comercio digital intentan diseñar con esmero metodologías para viralizar cualquier contenido en la Red, de forma que sea tan llamativo que acceder a él sea inevitable.**

Se crea así una tendencia al «microconsumo» de contenidos: un consumo rápido, superficial, impaciente, y orientado al primer impacto sensorial. Para obtener beneficios y el reconocimiento en la sociedad digital, las personas y sus productos deben ser visibles y deseablemente virales, condiciones necesarias para encontrar una posición relevante y popular dentro de este océano de información. Y esta popularidad es fácilmente manipulable en términos comerciales, ya que no hay más que contratar algunos servicios de Google o Facebook para que muestren las bondades de un producto, cualquiera que sea, en la pantalla de cientos de millones de personas a lo largo del mundo, e incluso fomenten las valoraciones positivas del mismo con perfiles y opiniones de dudosa autenticidad.

En esta inabarcable Red en la que aparentemente todos somos iguales, la idea más insignificante puede llegar a convertirse en un fenómeno mundial si es agraciada por la lotería de la viralidad. Se compite así, casi obsesivamente, por posicionar cada contenido por encima de los demás, adaptando sus formas en la búsqueda de la «masividad», y distorsionando la percepción y el valor de su calidad a los términos de la popularidad. La figura del editor de contenidos de antaño, experto cultural o distribuidor cualificado, en ocasiones molesto intermediario pero cuya misión como valedor de la calidad objetiva del contenido se erigía en referencia del consumo activo, se está diluyendo en favor de la opinión colectiva del usuario anónimo.

**El consumo de información digital es pues cada vez más reactivo, apoyándose en el aval de la opinión pública y en la asistencia de la recomendación automática, que se construye a sí misma a partir del cruce de la personalidad del consumidor con la de aquellos que le son afines. Y si bien la satisfacción de lo ya conocido maximiza la probabilidad de beneficio comercial, también minimiza la posibilidad del contraste como fuente inagotable de crecimiento personal.**

Todo esto convive en un medio, la Red, que fomenta hábitos de consumo cada vez más exclusivos, y que son tan fácilmente manipulables por los intereses comerciales de la industria como vulnerables por la laxitud de la conciencia colectiva.

# EN EL INTERIOR DE LA ESPIRAL

Para seguir desgranando la relación entre las tecnologías y las nuevas conductas, es necesario observar y entender nuestros mecanismos cerebrales. Y es que cualquier necesidad individual de las ya perfiladas anteriormente, desde la más fisiológica a la más trascendental, está siempre vinculada a una cadena de sentimientos, pensamientos y comportamientos cuyas relaciones contribuyen a conformar nuestra personalidad. Es más, muchas de estas relaciones y de las fórmulas biológicas que las desencadenan han sido labradas de forma natural a lo largo de millones de años de evolución, y están incrustadas en las partes más primarias de nuestro cerebro. Las bases de la conducta no pueden comprenderse sin un acercamiento a lo que sucede en nuestras mentes; por eso es especialmente interesante observar como el diseño de la tecnología afecta a profundamente a muchos de sus mecanismos.

Desde siempre, esta popular tríada del «sentir, pensar y actuar» ha tratado de ser modelada por las diferentes culturas, religiones e ideologías políticas, e incluso por las diferentes tendencias de mercado y las estrategias de *marketing*. De algún modo todas ellas han perseguido el mismo fin: generar necesidades y conductas alineadas con sus propios valores, convencimientos o intereses, utilizando a veces para ello rudimentarios mecanismos de poder (la violencia, el sexo, el castigo moral o la discriminación económica y social).

**Pero es en nuestros días, de la mano de los
avances la Bioingeniería, la Neurociencia
y la Experimentación Terapéutica, cuando
nos enfrentamos a un reto mayúsculo.
Todas estas disciplinas aportan a la sociedad
nuevas herramientas para condicionar
minuciosamente la senda del desarrollo de
la personalidad y la conducta, progresos
que debieran implicar un nuevo sentido de
responsabilidad ética y una oportunidad para
el bienestar, a partes iguales.**



La todavía joven ciencia de la Psicología Clínica estudia la relación entre nuestros pensamientos, emociones y comportamientos, y su dependencia de las sustancias biológicas responsables de la actividad eléctrica[R] de nuestro organismo. Hoy es posible trazar un mapa de las zonas que se activan en nuestro cerebro y en el sistema nervioso ante los estímulos percibidos por nuestros sentidos, un mapa de la actividad neurofisiológica: un ir y venir de sustancias y hormonas neurotransmisoras responsables de la actividad eléctrica de nuestro organismo, íntimamente relacionado con el nivel de estrés que sentimos. De todas estas sustancias, la adrenalina es una de las grandes protagonistas a la hora de guiar nuestros pensamientos y conductas.

También podemos analizar como traducimos e interpretamos subjetivamente las circunstancias, a través de lo que la Psicología denomina «procesos cognitivos». A diferencia de los animales, son ellos los que se erigen en grandes responsables de nuestras conductas. Algunos procesos cognitivos son conscientes y controlados (pensamos, decidimos y actuamos), pero otros son difícilmente visibles, bien porque han sido automatizados por el aprendizaje y la repetición (así, un conductor experto deja de ser consciente de gran parte de sus movimientos, aunque el cerebro siga interpretando lo que ocurre) o bien porque forman parte de nuestros instintos primarios programados por la evolución (en situaciones de riesgo o pánico, reaccionamos inconscientemente guiados por el instinto de supervivencia).

Una gran aportación de la Psicología es que los procesos cognitivos no solo dependen de los estímulos externos, sino que están fuertemente vinculados al tipo de atención que les prestamos, a nuestra actividad neurofisiológica y a las experiencias previas que hayamos memorizado. La ciencia nos demuestra que estos elementos están tan hilvanados entre sí que se afectan, se condicionan y se asocian los unos con los otros, formando una infinita espiral que puede recorrerse en cualquier dirección. Así, un recuerdo puede activar la misma emoción que vivimos en el pasado, o podemos interpretar una misma situación de formas radicalmente diferentes en función de nuestro nivel de actividad neurofisiológica (nuestros pensamientos están fuertemente influidos por el nivel de estrés que acumulamos).

Habida cuenta de estas conexiones, la intensidad de las reacciones y emociones no depende únicamente de la fuerza del estímulo, sino también de nuestra predisposición de atención y estrés, de lo que hayamos aprendido en situaciones similares y del valor subjetivo de la interpretación de dicha situación, sea visible o no.

**En este sentido, es revelador saber que
una parte de los trastornos psicológicos
de la sociedad moderna se sustentan sobre
estímulos relativamente inocuos, siendo la
saturación de la atención y la distorsión de las
interpretaciones las principales responsables
de generar una intensa respuesta de ansiedad.**

Por otra parte, es importante conocer que nuestra actividad mental se produce en dos zonas diferenciadas del cerebro: la primitiva y la evolucionada (neocórtex). La zona primitiva es donde se fraguan nuestras conductas más básicas, que son fundamentalmente reactivas, impulsivas o automáticas. Si bien el proceso cognitivo existe y sigue siendo corresponsable de este tipo de conductas, es tan primario o está tan automatizado por nuestro cerebro que escapa a nuestro pensamiento consciente. Por su parte, las conductas activas, racionales y creativas utilizan las zonas del cerebro más recientes, con la participación fundamental de la voluntad, los pensamientos y la consciencia. El neocórtex dispone de una comunicación directa con las zonas primarias del cerebro, por lo que si bien nuestro «cerebro pensante» no puede escapar a la influencia de las emociones e instintos más primitivos, al menos es capaz de gobernarlos mejor.

Toda esta enredadera constituida por la atención, la actividad neurofisiológica, la emoción, la cognición y el pensamiento empezó a imprimirse en nuestros cerebros hace millones de años y está en constante evolución. Los mecanismos más primarios subyacen en todos nosotros, y una vez que se activan son muy poderosos. Por ejemplo, ante una situación de riesgo, nuestro cerebro primitivo está programado para activarnos neurofisiológicamente elevando enormemente nuestros niveles de adrenalina, provocándonos un fuerte estrés y despertando una respuesta de lucha o de huida en nuestro organismo (sudoración, aceleración del ritmo cardíaco, bloqueo del sistema digestivo, contracción muscular, etc.); nuestra atención queda saturada por el estímulo agresivo (sobre todo de forma visual), eliminando de forma automática cualquier percepción no relevante de nuestro entorno, y nuestras emociones se hacen intensas; sentimos agresividad y miedo, y nuestra capacidad de pensamiento racional y creativo se minimiza.

Tal es la imbricación de todos estos elementos entre sí que, ante la excitación o la alteración de uno de ellos, los demás actúan en resonancia por aprendizaje y condicionamiento.

**En otras palabras, generar altos niveles de adrenalina de forma constante, saturar nuestra atención, sobreestimular nuestra visión, o no dedicar tiempo y espacio al desarrollo del pensamiento y la atención activa son circunstancias que alimentan los mecanismos de nuestro cerebro primitivo y, por tanto, favorecen emociones y conductas reactivas y no controladas, en la misma frontera en la que se disparan la ansiedad, la agresividad, la inseguridad o el miedo.**

Cuando estos patrones de conducta además se interiorizan por la repetición constante y se vinculan social e individualmente a las necesidades básicas, son difícilmente reversibles y gobiernan una parte importante de nuestro comportamiento, escapando al control de nuestro «cerebro pensante».

En mi historia, aquella chica de precioso pelo rizado que se abalanzó sobre la carretera depositaba una parte importante de sus afectos en su teléfono. Seguramente la fuerte vinculación de ese objeto con sus relaciones sociales y con un cierto sentimiento de exclusividad le habían hecho interiorizar una interpretación distorsionada de imprescindibilidad. Pero el sentido común, ese que reside en el neocórtex, debiera haber gobernado ese instante con el pensamiento de que aquello era solo un objeto fácilmente sustituible. Frente a cualquier pronóstico racional, su cerebro primitivo la impulsó a arrojarse a la carretera y arriesgar su vida por su preciado objeto, demostrando que la cognición de imprescindibilidad estaba anclada a sus mecanismos más primitivos. Algo que, según nos dice la Psicología, es posible mediante el condicionamiento de los otros elementos de la cadena cognitiva, es decir, mediante la afección de la percepción, la atención y la actividad neurofisiológica al uso de los dispositivos móviles. La estimulación visual que generan todas las aplicaciones, las constantes interrupciones que dividen y saturan la atención, la adrenalina que despierta cada una de las notificaciones, y el constante refuerzo de todos estos patrones con un hábito de uso casi permanente, favorecen que la batalla entre lo racional y lo irracional se decante a veces por el mecanismo más primario, aquel que nos hace comportarnos como seres reactivos e inconscientes.

# DOS CEREBROS, DOS ATENCIONES

No debe subestimarse el poder de los mecanismos primarios de nuestra mente. Si bien el cerebro tiene una plasticidad científicamente constatada y sus estructuras internas se amoldan constantemente según la fuerza de nuestros hábitos y experiencias, las conexiones más antiguas están tan profundamente impresas en nosotros por la evolución que son difícilmente alterables.

El período evolutivo del ser humano es tan extenso en el tiempo (hablamos de miles, millones de años) que sus fases son difícilmente manejables por el pensamiento a la hora de establecer comparaciones. No obstante, y parafraseando un original ejercicio matemático concebido por el gran científico y divulgador Carl Sagan[R], si se comprimiera toda la Historia de la Humanidad en un solo año con sus doce meses, sus etapas podrían visualizarse con algo más de claridad y también se obtendría una mejor perspectiva del peso del cerebro primario en la evolución humana.

Así pues, si el 1 de enero hubiera surgido la raza humana (cuando los primates, de pequeños y básicos cerebros, comenzaron a caminar sobre sus dos piernas), y si hoy mismo se celebrara el fin de año en los últimos minutos del 31 de diciembre, sería sorprendente ver que la distancia entre los grandes hitos de la Humanidad, aparentemente tan extensa, quedaría comprimida en instantes recientes. En esta particular escala del tiempo el nacimiento de Internet se habría producido dos minutos atrás, mientras que el primer Quijote de Miguel de Cervantes se habría publicado hace algo menos de una hora y el Imperio Romano habría caído hace tan solo tres. También la primera rueda de la que se tiene constancia, utensilio primario donde los haya[R], se habría inventado hace únicamente seis horas.

Estos hechos y creaciones tan relevantes para nuestra Historia son fruto de las mentes más privilegiadas de cada época, evolucionadas a partir de aquella que ostentó el primer hombre inteligente con capacidad de crear, relacionarse socialmente y anticipar el futuro, y al que la ciencia bautizó como *«Homo sapiens»*. Un hombre que, por primera vez en la Historia, fue capaz de controlar su voluntad y su atención de forma rudimentaria gracias a su flamante y recién estrenado *neocórtex*. El nacimiento de este primer ser humano «consciente» habría tenido lugar en esta comprimida escala temporal hace veinte días y casi un año después del nacimiento del primer homínido. En otras palabras, el hombre empezó a pensar el 10 de diciembre y en plenas compras navideñas.

A través de esta didáctica imagen se puede visualizar la evidencia de que el cerebro primario, ese que heredamos de nuestros antepasados primates, ha gobernado la práctica totalidad de la evolución de toda nuestra especie desde sus albores, sellando sus patrones a través de los diferentes elementos de la espiral de nuestras mentes: la atención, la actividad neurofisiológica y las emociones más básicas y los instintos.

Anteriormente expuse que la atención y la actividad neurofisiológica están profundamente relacionadas con la forma en la que interpretamos y actuamos en cada situación, y que sus combinaciones pueden activar diferentes zonas del cerebro. Si bien la Psicología establece varios tipos de atención según la perspectiva de su observación, todos ellos pueden agruparse esencialmente en dos [R]: por un lado, la *atención activa y voluntaria*, aquella en la que interviene nuestro pensamiento consciente, nuestro esfuerzo, y nuestra voluntad (reforzando la actividad cerebral del *neocórtex*) y, por el otro, la *atención reactiva*, que es rápida, cómoda, involuntaria y dependiente de la presencia de un estímulo importante o llamativo (reforzando la actividad cerebral de las zonas primarias). Puesto que nuestra mente funciona de forma integral, cualquier actividad de nuestra vida diaria emplea una combinación de ambos tipos de atención. Lo relevante es, no obstante, el peso parcial de cada una, y cuál de ellas estamos entrenando y reforzando mayoritariamente a diario.

**La ciencia nos demuestra que si una persona emplea gran parte de su tiempo reaccionando a los contenidos o estímulos aleatorios de un dispositivo electrónico, entrenará con fuerza su atención reactiva reforzando las conexiones cerebrales consecuentes.**

Si esa persona es además un niño, desarrollará sin duda enormes habilidades ante ese tipo de estímulos visuales y táctiles, y se habituará a un nivel de actividad neurofisiológica que será capaz de capturar toda su atención y realimentará constantemente la necesidad de mantenerla. Pero si bien este tipo de estimulación es necesaria en cualquier persona, especialmente para complementar su vida en los actuales términos de ocio y diversión, su exceso es incompatible con una actividad consciente y voluntaria, más lenta y esforzada.

Por poner algunos ejemplos, el caudal de notificaciones, al apilamiento de múltiple información en superficies cada vez más pequeñas, o la visualización continua de vídeos o contenidos en movilidad en pantallas por doquier, sobreentrenan nuestra atención reactiva y la dividen constantemente, generando súbitas segregaciones de adrenalina que sobreestimulan las fronteras de nuestro cerebro primario. La creciente exposición a estos estímulos digitales refuerza aún más estos patrones, creando dependencias biológicas e incluso elevando de forma importante nuestra tasa cardíaca cuando no recibimos la respuesta esperada de inmediato[R]. Estas reacciones inconscientes y primarias impactan de forma severa en la percepción y penalizan, en última instancia, la actividad consciente, abstracta y concentrada.

Si la tecnología se utiliza de forma activa, es decir, si el uso parte de la voluntad consciente de comunicarse, informarse, relacionar, crear o investigar, se reforzarán también los mecanismos de la atención consciente, esenciales para que las personas puedan crecer y desarrollarse intelectual, emocional y socialmente. En este sentido, los dispositivos digitales pueden ser una excelente herramienta para el aprendizaje de los más pequeños, pero lamentablemente el desconocimiento e inconsciencia general sobre el impacto que tienen sus diseños sobre los mecanismos de la atención está fomentando una mayor tendencia a la aparición de dificultades de concentración y control emocional en los jóvenes (consecuencia, entre otras razones, de un desarrollo deficitario de las conexiones cerebrales del *neocórtex*).

........................................................

**Poner en valor un uso activo y controlado de la tecnología, junto con la lectura concentrada y en silencio, la actividad física, las manualidades, el contacto con la naturaleza, y por encima de todo, la afectividad y la atención ejemplar de los adultos, son herramientas tradicionales que hoy adquieren más importancia que nunca en plena era de la interrupción y la estimulación electrónica.**

........................................................

Por difícil que parezca, no debe olvidarse que la repetición consciente de cualesquiera conductas para transformarlas en hábitos generará siempre un efecto transformador en cualquier persona gracias a la plasticidad cerebral, y especialmente en los niños.

La habituación a la reactividad no solo afecta a los más pequeños, sino que también condiciona las mentes de las personas adultas inmersas en la era digital.

En definitiva, puede decirse que la exposición a lo digital, de la mano de los actuales criterios de diseño, fomenta la activación neurofisiológica de las personas comunes al estimular continuamente sus mecanismos reactivos de atención, provocando una súbita sensación de placer —inconsciente— ante la presencia inmediata del estímulo y por influjo de la adrenalina. Si bien las súbitas segregaciones de esta sustancia son una excelente herramienta para despertar nuestra atención, al activar rápidamente nuestros sentidos y emociones en situaciones de somnolencia, diversión o riesgo, su exceso y habituarse a los mismos puede generar una mayor propensión a sentir síntomas de ansiedad, agresividad, depresión o soledad en las situaciones más cotidianas y menos estimulantes.

> **Las respuestas de cansancio, estrés o dependencia a medio o largo plazo son una consecuencia relativamente esperable en personas sobreexpuestas a los dispositivos digitales.**

La toma de consciencia acerca del tipo de atención necesaria en cada momento, el conocimiento de sus efectos sobre el organismo y entender que los dispositivos personales están diseñados para favorecer las respuestas reactivas de la atención, constituyen excelentes herramientas para mejorar la calidad de vida de cualquier persona y articular una relación más activa con la tecnología. Es más, y para que el incesante flujo digital no penalice nuestras capacidades más genuinas de control y discernimiento, el entrenamiento de la atención consciente debiera ser una asignatura importante en la agenda social y educativa. Porque es precisamente en la atención y en su control donde residen los grandes éxitos y oportunidades de la sociedad digital, pero donde, paradójicamente, subyacen también los fundamentos de las nuevas patologías y los mecanismos de poder y sumisión.

# EN LAS FRONTERAS
# DE LA REALIDAD

El cerebro humano es rápido. Una persona corriente puede reconocer, interpretar y discriminar algo más de cinco imágenes cada segundo y al menos siete sonidos diferentes en ese mismo lapso de tiempo. Pero resulta aún más interesante descubrir que, más allá del umbral de la consciencia, nuestro cerebro funciona de forma mucho más rápida reaccionando biológicamente a cientos de estímulos por segundo. Precisamente estas reacciones subliminales son fundamentales para ubicarnos en el entorno que nos rodea, y puede decirse que nuestra sensación de «realidad» depende en gran medida del equilibrio entre este tipo de estímulos y las percepciones inconscientes.

Los mecanismos subliminales pueden condicionarse artificialmente, y un buen ejemplo de ello lo aporta la industria audiovisual del cine o la realidad virtual. Si bien el cine tradicional utiliza veinticuatro fotogramas por segundo, una frecuencia suficiente para estimularnos a una prudente distancia con la realidad de lo observado, el cine de última generación y tridimensional utiliza cuarenta y ocho fotogramas por segundo, generando una novedosa sensación de realismo visual sin precedentes. Incluso la realidad virtual y los videojuegos aspiran a utilizar sesenta fotogramas por segundo, algo que según los expertos permite sentir una experiencia profundamente inmersiva, eximiendo incluso de participar de ella al resto de sentidos. Lo llamativo es que, a pesar de estas sensaciones, estos cuarenta y ocho o sesenta fotogramas se sitúan aún muy lejos de las casi mil imágenes por segundo a las que es capaz de reaccionar nuestro cerebro, por lo que puede decirse que existe aún un amplio margen de condicionamiento sensorial.

Es en esta condición biológica de lo consciente y lo subliminal donde se apoya una parte importante de la industria del ocio en nuestros días, con productos que fomentan una diversión basada en la alteración de la percepción y en la estimulación de la respuesta de adrenalina. Aunque estas actividades habían quedado restringidas a entornos aislados como las salas de cine o las atracciones de los parques temáticos, la penetración y sofisticación de la tecnología doméstica está diluyendo cada vez más las fronteras y los espacios para este tipo de experiencias. Es más, la aspiración de los dispositivos digitales personales de convertirse en la herramienta esencial para el ocio individual, y el paradigma del 24x7 –siempre disponible, siempre conectado–, está afectando de forma creciente a los mecanismos subliminales de la atención y a nuestra sensación de realidad.

La alteración deliberada del delicado biorritmo de la percepción y la atención puede afectar a aspectos muy profundos del ser humano, especialmente si esta se realiza de forma continuada en todos los espacios de la vida cotidiana. En este sentido, las constantes interrupciones que generan las alertas de los dispositivos, la orientación de casi todo el contenido hacia lo visual en movilidad (fotos y vídeos), la lectura constantemente interrumpida por elementos de publicidad o hipervínculos que provocan el salto de una información a otra de forma casi inconsciente, la necesidad de atender diferentes fuentes de información de forma simultánea (redes sociales, correo electrónico, mensajería instantánea, etc.), o los nuevos estándares de relación social en el medio digital (frases cortas, abreviaturas, *emojis*, etc.), hacen que nuestro tiempo sea, en palabras de la prestigiosa psicóloga Lucy J. Palladino[R], la «era de la atención cortoplacista».

Estas nuevas formas están entrenando a la sociedad a atender prioritariamente aquello que sea rápido, múltiple, breve y visual, acuñando además un fuerte e indiscutible valor de modernidad y eficiencia para ellas, valores reforzados a su vez por la estrategia comercial de la industria de la tecnología y el entretenimiento, que derivan en la ya comentada feroz competición por lo impactante y por lo viral.

> **La respuesta de ansiedad y el condicionamiento que se deriva de la constante captura y desvío de la atención por parte de los dispositivos digitales está afectando a la capacidad de concentración, al lenguaje no verbal y a la profundidad y calidad del diálogo entre las personas.**

El sobreentrenamiento de una respuesta de atención reactiva y dividida ante la multiplicidad de estímulos digitales genera una respuesta emocional y biológica que hace a nuestro organismo dependiente. Ahora, quizá más que nunca en la Historia del hombre, el hábito de lo digital incita a cada persona a comportarse de forma «multitarea», tanto por condicionamiento a las respuestas de adrenalina como por las emociones vinculadas a necesidades sociales distorsionadas y autoimpuestas. De hecho, la capacidad para multiplicar la atención y garantizar la inmediatez de respuesta parece consolidarse en nuestros días como un paradigma de la eficiencia y la productividad, y también como una habilidad necesaria para el reconocimiento y el éxito, obviando nuestra auténtica naturaleza y generando conflictos internos en algunas personas que resultan enajenadas incluso de su realidad más próxima.

Como abordaré con posterioridad, la atención dividida y el comportamiento multitarea son excelentes herramientas en determinadas situaciones, pero se caracterizan por una respuesta mental de activación, estrés, intolerancia al error y saturación de la percepción, que sesgan enormemente la interpretación de una parte importante de lo que sucede, tanto a nivel externo como interno. La clave del máximo rendimiento está en ejercer la atención más adecuada a cada situación, partiendo de la base del conocimiento y efectos de cada una de ellas. Esta capacidad de decidir «cómo debemos atender» se origina en las zonas más evolucionadas de la mente humana por lo que, para ejercerla en plena era de la interrupción digital, es imprescindible poner en valor los mecanismos activos de la atención y entrenar las conexiones cerebrales del *neocórtex* a través de otro tipo de procedimientos.

**Por ello, el hábito del esfuerzo consciente y la concentración, así como la empatía, la escucha activa o la simplicidad voluntaria, serán las grandes características comunes de los creadores y líderes del siglo XXI.**

Esta «edad de la atención cortoplacista» genera también otro efecto paralelo en la edad de la impaciencia y la ansiedad ante el aburrimiento, ya que la habituación a la respuesta neurofisiológica que se produce ante la repetición de las nuevas conductas digitales lleva asimismo aparejada una creciente intolerancia a la baja estimulación. Resulta interesante la diferenciación entre ambos conceptos, *aburrimiento* y *paciencia*, porque si bien los dos tienen connotaciones negativas y positivas respectivamente, comparten una misma aproximación psicofisiológica.

Desde el prisma científico, el *aburrimiento* se define como aquel estado aversivo[R] de la mente humana que se genera ante la incapacidad de conectar la atención con los pensamientos y el entorno para realizar una actividad satisfactoria. La espiral de la mente humana permite recorrer el camino en ambos sentidos: puede conducir al aburrimiento tanto una actividad insatisfactoria como la incapacidad de conectar la atención por saturación o sobreestimulación. Por lo general, una persona en estado de aburrimiento desea ser estimulada por encima de todo y, simultáneamente, es incapaz de conectar con sus propios pensamientos o percepciones (en definitiva, con la realidad). La relación entre este particular estado de ánimo y el condicionamiento de la conducta por la adrenalina derivada de los estímulos digitales es evidente, fomentándose a veces una simbiosis subliminal entre ambas de la que se beneficia enormemente la industria.

> El aburrimiento, pese a su acepción negativa, ha sido históricamente una herramienta fundamental para la innovación del ser humano, ya que la mente encuentra en él un espacio genuino para desplegarse de forma creativa, teniendo la oportunidad de generar por sí misma el deseo de estimulación.

Por tanto, y si bien el aburrimiento es un importante instrumento para entrenar las capacidades conscientes del ser humano, resolverlo sobre la base exclusiva de respuestas reactivas llevará, a largo plazo, a realimentar el ciclo de insatisfacción respecto a la realidad percibida.

Compartiendo la frontera de la percepción de la realidad y la satisfacción se sitúa la *paciencia*. Psicológicamente hablando, esta inmemorial virtud se aborda como una cuestión de toma de decisiones entre la resolución inmediata de un problema (obtención de recompensa a corto plazo), y el esfuerzo de contener la solución a dicho problema para llegar a una resolución más profunda y satisfactoria del mismo (mayor beneficio a largo plazo). La persona que tiene paciencia es la que atesora la capacidad de anteponer la visión de conjunto y futuro a la adrenalina y al placer del momento, algo restringido a las partes más evolucionadas de la mente humana y, por tanto, en debilidad evolutiva frente a la tendencia animal a obtener una recompensa inmediata. Así pues, y desde su propia definición, puede decirse que el valor de la paciencia se contrapone al valor de la modernidad y eficiencia digital, al menos tal cual está concebido generalmente de forma global. Tomar consciencia de este desajuste es imprescindible para poder desarrollar la paciencia a nivel individual, habida cuenta de que no es una característica primaria del ser humano y carece de sentido exigirla sin el debido esfuerzo y entrenamiento. Su puesta en valor por los sectores educativos, sociales y profesionales cobra por tanto un valor diferencial en el actual entorno desfavorable.

Desde sus bases, las instituciones, las empresas y las familias no debieran permitir la contradicción de que aquellas características del ser humano que han sido catalizadoras de la creatividad, la convivencia, la tolerancia y el rendimiento en las actividades intelectuales, y que nos han guiado en última instancia a construir una sociedad tecnológicamente avanzada repleta de infinitas bondades digitales, queden mermadas por la ceguera de su propia creación.

# LA FELICIDAD ANTE LA PARADOJA DIGITAL

En un reciente anuncio de televisión, una chica joven admira el paisaje nevado desde la ventana de un autobús de largo recorrido. Por delante le esperan algunas horas de viaje, ofreciéndonos una imagen que nos predispone a la intimidad y a la reflexión, a que se cree un espacio profundo para el contacto con ella misma. Pero, en cuestión de segundos, este mensaje queda interrumpido por la ironía de un súbito pensamiento: «ya he reflexionado, voy a ver mi serie favorita». La renovada imagen de nuestra protagonista, ahora con la atención capturada por la pantalla de su teléfono móvil y sus auriculares de diseño, se complementa con un abrumador mensaje comercial: «reflexiona. Tómate tu tiempo. ¿Ya? Coge tu *smartphone* y haz lo que realmente te apetece»[R]. La reflexión, la paciencia y el despliegue natural de nuestras capacidades conscientes en espacios de introspección parecen querer ser devoradas por el ocio digital instantáneo, reactivo y asistido, que se consolida a pasos agigantados como un nuevo estándar de libre albedrío y felicidad. Y en este caso, además, con subliminal menosprecio.

. . . . . . . . . . . . . . . . . . . . . . . . . . . . . . . . . . . . . . . . . . . .

**La relación entre las nuevas tecnologías y el sentimiento de felicidad alimenta un profundo y dividido debate en el mundo de la Psicología y la Sociología.**

. . . . . . . . . . . . . . . . . . . . . . . . . . . . . . . . . . . . . . . . . . . .

Si bien la relación entre las emociones positivas y las necesidades sociales parece estar universalmente asentada, la vinculación de la tecnología con los nuevos paradigmas de relación entre las personas abre el precipicio de una nueva «brecha digital» cuyos efectos están solo comenzando a ser visibles.

Tradicionalmente, este concepto de «brecha digital» se ha asociado a la penalización socioeconómica que sufren las personas sin conocimiento o acceso a las nuevas tecnologías, frente a las que sí lo tienen. Es una de las razones por las que los gobiernos han realizado importantes esfuerzos para legislar el acceso a las tecnologías como un derecho casi universal, previendo a su vez medidas para que el desarrollo de las mismas no suponga una forma de exclusión social para los colectivos más desfavorecidos (mayores, familias con pocos recursos económicos, etc.) La industria avanza, no obstante, de forma veloz e indiscriminada, haciendo inevitable que determinados comportamientos sociales sean excluyentes con las personas ajenas a la tecnología. Por ejemplo, los archiconocidos hábitos de relación en redes sociales, grupos de *WhatsApp*[R] o similares, están fomentando la creación de una nueva brecha que afecta a intangibles tales como el sentimiento de pertenencia a un colectivo o a sus valores, o incluso a la capacidad de contactar con los seres más queridos, dimensiones humanas inherentemente relacionadas con la felicidad.

El desarrollo digital es una realidad imparable, así como la asociación irreversible de sus productos con las nuevas formas de relación entre las personas. La confrontación respecto a esta realidad de progreso carece de sentido, puesto que es un paso evolutivo necesario cuyas bondades objetivas superan con creces a las nuevas amenazas. Si por definición la exclusión social genera infelicidad y la tecnología se está consolidando como una herramienta esencial para no incurrir en ella, la responsabilidad ante las distorsiones de este nuevo monopolio emocional debiera convertirse en exigencia para todos los actores involucrados. Y esta responsabilidad es incompatible con incentivar cualquier constructo que fomente la reactividad y el aislamiento, o que menosprecie la actividad consciente.

La paradoja emocional entre la felicidad y la era digital se antoja sinuosa. Etimológicamente, la palabra felicidad se deriva del latin «*felix, felicis*» cuyas acepciones, asociadas a la fertilidad y a la fecundidad, permiten vislumbrar la relación entre la felicidad y la productividad en su sentido más amplio, desde las mismas raíces del lenguaje. Filosóficamente, la felicidad se vincula al sentimiento de autorrealización y culminación del propósito de la vida mediante la propia voluntad, idea heredada de la obra aristotélica. También desde la Psicología, y desde una asunción más humilde, la felicidad se relaciona con la capacidad de conseguir objetivos genuinos, de mayor o menor abstracción según las inquietudes de cada persona, y de solucionar los diferentes problemas cotidianos y afectivos.

Sea cual sea la aproximación a esta aspiración de plenitud, y parta esta de la cultura, la filosofía, o del estudio profundo del pensamiento o la conducta humana, parece existir un nexo común con la consciencia y la voluntad. Sin embargo, esta teórica simbiosis de la felicidad con los procesos del *neocórtex* dista bastante de la concepción más hedonista y cortoplacista que inunda gran parte de los mensajes comerciales asociados a la felicidad de nuestro tiempo. Y es que nuestra sociedad del renovado libre albedrío es también un fértil terreno abonado por el déficit del placer, represión heredada de tantas generaciones y sociedades maniatadas por estrictas morales.

· · · · · · · · · · · · · · · · · · · · · · · · · · · · · · · · · · · · · · · · · · · · · · · ·

**La oportunidad única que brinda la tecnología para que el placer sensorial aflore sin complejos ni esperas es un maravilloso hito para la Humanidad, pero no debiera menospreciar aquello que se ha construido desde la consciencia.**

· · · · · · · · · · · · · · · · · · · · · · · · · · · · · · · · · · · · · · · · · · · · · · · ·

Apostar por uno solo de estos caminos conlleva un alto riesgo de desequilibrio emocional y de falta de sentido, y ambas perspectivas debieran hacerse compatibles desde las bases de la sociedad para que las personas dispongan, en última instancia, de herramientas auténticas para recorrer su camino vital.

Importantes estudios psicológicos tratan de acotar la relación de la felicidad con las nuevas tecnologías, interrelacionando emociones con hábitos de uso. Desafortunadamente sus resultados no son universalmente concluyentes ante lo inabarcable del mundo digital, aunque aportan algunas luces en cuanto a lo que se refiere a la atención. Dos prestigiosas universidades americanas [R] coincidieron en afirmar en 2010 que la forma de utilizar una misma red social influía de forma sustancial en los sentimientos de sus usuarios. Cuando las personas de su muestra utilizaban la red de forma activa –buscando información sobre algún contacto, publicando opiniones o enviando mensajes–, sus emociones tendían a ser positivas y, por el contrario, cuando la experiencia de uso consistía en navegar por el contenido de forma pasiva –viendo las publicaciones de sus contactos según aparecían, o saltando de un enlace a otro–, se generaban sentimientos de insatisfacción, soledad y hastío, especialmente al abandonar la aplicación. Adicionalmente, estos estudios también reflejan una sorpresiva pérdida de capital social por el uso de las redes sociales como medio exclusivo de relación. Si bien los mensajes intercambiados en este tipo de redes facilitan enormemente el mantenimiento de la relaciones sociales mediante la superación de las barreras del tiempo y el espacio, la multiplicación y la diversidad de los contactos, junto con las constantes retroalimentaciones e interacciones visuales, obligan inconscientemente a disminuir la profundidad de dichas relaciones, por saturación y división de la atención.

Otros trabajos profundizan en la alteración que provocan las nuevas herramientas digitales sobre aspectos nucleares de las relaciones humanas. Como desarrolla extensivamente la prestigiosa psicóloga americana Sherry Turkle[R] en su bibliografía más esencial, los dispositivos personales y los teléfonos móviles afectan a nuestra mirada y lenguaje no verbal en presencia de otros, eliminando la forma de comunicación humana más primaria. En este sentido, y desde la perspectiva psicológica que conforma la autoestima, la afectividad y la identidad de cada persona, no cabe duda de que la empatía y la atención plena son dos de los regalos más valiosos que un ser humano puede recibir. No nos es posible empatizar con el prójimo sin utilizar plenamente nuestras capacidades mentales, así como tampoco podemos sentirnos totalmente acompañados, comprendidos, seducidos o incluso amados sin que se nos dedique la atención más genuina y completa, y se ponga en valor el tiempo necesario para desplegarla.

Tras millones de años de evolución, nuestros cerebros están programados para comunicarse fundamentalmente a través de la mirada y el lenguaje gestual. Las nuevas posibilidades que brindan las tecnologías digitales, esencialmente a través de una pantalla que nos hace sentirnos protegidos y estimulados, provocan la contradicción de que a veces sea más fácil conectar con una persona a miles de kilómetros de distancia que mantener la mirada, la escucha y la atención de quien tenemos a pocos centímetros de nosotros. Familias que dialogan casi exclusivamente por mensajería, rupturas profesionales a través de un correo electrónico o encuentros sexuales virtuales avalados únicamente por los criterios de búsqueda y metadatos de una aplicación de contactos, distorsionan habilidades y aspectos muy profundos que forman parte del entramado de la felicidad del ser humano.

**La presencia, la mirada y el lenguaje no verbal, aspectos íntimamente arraigados a los mecanismos primarios y subliminales que conforman nuestras necesidades afectivas, no pueden ser pretenciosamente obviados por la revolución tecnológica.**

La red digital hace a las personas iguales y anónimas. Su alcance masivo retroalimenta cualquier criterio u opinión, por insignificante o extrema que este sea, creando infinitas islas pobladas de sentimientos únicos de pertenencia. También permite engrandecer la propia identidad y ocultar las vulnerabilidades, cubriendo la primera sensación de contacto social de forma múltiple e instantánea. Centraliza el ocio de nuestros días con diseños multitarea que disparan rápidas reacciones de adrenalina y placer inmediato. Su concepción como artículo de exclusividad alimenta la competición social por la adquisición y la renovación constante, casi a cualquier precio. Por todo ello y mucho más, no debiéramos caer en la banalidad de imputar la responsabilidad de las distorsiones de la era digital únicamente a la debilidad de los consumidores, teniendo en cuenta que el diseño técnico y comercial de los productos tecnológicos está orientado a generar respuestas de dependencia neurofisiológica y emocional.

La cuestión sobre si esta dependencia puede derivar en adicción sitúa el discurso en un terreno de difusas fronteras. Por definición, la adicción conlleva comportamientos automáticos ávidos de recompensa inmediata, sin importar los efectos negativos; es decir, un adicto es incapaz de ejecutar una acción de control emocional, cognitivo, o de crítica consciente sobre sus actos, sin importar la frecuencia o intensidad de los mismos. En el caso de los dispositivos digitales, el condicionamiento o privación de necesidades básicas –renunciar al sueño o a la alimentación por estar conectados–, el descuido de las relaciones personales y de la presencia, la irritabilidad extrema ante los fallos en las aplicaciones, la culpabilidad o la necesidad de justificar ante uno mismo y su red cualquier indisponibilidad o respuesta no inmediata, la mentira y la ocultación de los hábitos de uso de Internet, o incluso el sentimiento de euforia y plenitud ante una pantalla, son señales inequívocas de un principio de adicción y de su aparejado síndrome de abstinencia.

Si las conductas de las personas comunes caen en esta frontera dependerá de los síntomas, pero también de la posición del observador.

**Sea por decisión propia o no, las personas que sufren o practican la abstinencia digital incurren en un riesgo creciente de exclusión y desprestigio social, por lo que los espacios de opinión para analizar y detectar las distorsiones derivadas de la adicción a la tecnología se reducen considerablemente.**

Y es que en una sociedad que fomente la hiperconectividad como máximo valor de modernidad y eficacia, cualquier tendencia asociada al síndrome de abstinencia se encontrará con la oposición y el menosprecio del propio sistema.

La reformulación de los valores de la comunicación y de las relaciones humanas se erige en una clave importante para la salud mental del futuro, valores que debieran fomentar siempre un espacio para la mirada y la reflexión.

Solo poniendo en valor la atención consciente y el tiempo necesario para el despliegue natural de nuestras capacidades mentales podremos articular una relación genuina con nuestra realidad interior y exterior, una actitud que deberá estar fuertemente vinculada al desarrollo de la empatía, la afectividad, la creatividad y la productividad de los seres humanos. Abrazar y practicar esta actitud como esencia última del sentido vital y de la felicidad es una decisión genuina e inalienable que solo depende de nuestra propia voluntad.

‖‖‖‖‖‖‖‖‖‖‖‖‖‖‖‖‖‖‖‖‖‖‖‖‖‖‖‖‖‖

*«Una vez que se hayan cortado los vínculos primarios que daban seguridad al individuo, una vez que este debe enfrentarse al mundo exterior, se le abren dos caminos distintos.*

*Estará en condiciones de progresar hacia la libertad positiva si puede establecer espontáneamente su conexión con el mundo del amor y el trabajo, en la expresión genuina de sus facultades emocionales, sensitivas e intelectuales; de este modo volverá a unirse con la Humanidad, con la naturaleza y consigo mismo, sin despojarse de la integridad e independencia de su yo individual.*

*El otro camino que se le ofrece es el de retroceder, abandonar su libertad y tratar de superar la soledad eliminando la brecha que se ha abierto entre su personalidad individual y el mundo. Este camino se caracteriza por su carácter compulsivo, tal y como ocurre con los estallidos de terror frente a alguna amenaza. Supone la rendición más o menos completa de la individualidad y de la integridad del yo».*

Erich Fromm, El miedo a la libertad.

‖‖‖‖‖‖‖‖‖‖‖‖‖‖‖‖‖‖‖‖‖‖‖‖‖‖‖‖‖‖‖‖

# CAPÍTULO TRES

# LOS NUEVOS CONQUISTADORES

ubén es una de las personas más influyentes del mundo. La prestigiosa revista TIME[R] ha hecho referencia a su trabajo en su lista de líderes de la próxima generación, un particular salón de la fama compuesto por artistas, activistas, científicos o periodistas de gran valor y talento. Este año destaca un joven pianista indonesio, cuyo virtuosismo y sensibilidad han conquistado al mundo y a la academia de los Grammy con tan solo trece años, y también un brillante bioingeniero chino responsable de innovadoras investigaciones sobre el ADN, o un geólogo italiano que ha participado en el descubrimiento de uno de los sistemas de cuevas más complejos del mundo. Pero también hay un lugar para Rubén, un «youtuber» español. Con sus más de veintidós millones de seguidores en la Red, los vídeos caseros y comentarios de este conquistador online, llenos de contenido absurdo, insustancial y excéntrico, pueden alcanzar una media de un millón de visualizaciones al día los primeros días de su publicación, arrastrando a millones de personas y generando sustanciosos ingresos económicos para su autor.

Ángela, modelo y gimnasta rusa de veintitrés años[R] publica periódicamente fotografías y «selfies» a casi mil metros de altura en los lugares más icónicos del mundo. En poco más de un año ha sido capaz de agregar 380.000 seguidores en Instagram, bajo su leit motiv «sin límites ni control». En la compartición de estas escenas de belleza y riesgo ha centrado su forma de vida, saltando a la fama internacional con referencias tanto en prensa como en televisión.

En poco más de dos semanas, Axelle[R] recibió más de 200.000 «me gustas» a la foto de su rostro pintado con los colores belgas en el mundial de fútbol de Brasil. Su página de Facebook se hizo viral, aupándola como la «seguidora más bella» del mundial y fomentando su presencia en la prensa y las redes. Esta radical y súbita popularidad adquirida le permitió firmar un contrato exclusivo como modelo para una prestigiosa marca francesa de cosmética. Pero, a los cuatro días, la empresa rescindió unilateralmente el contrato al haberse publicado otra foto de la bella Axelle con un antílope muerto en un circuito de caza en un safari africano.

# COMPARTO, LUEGO EXISTO

Estos nuevos fenómenos sociales ejemplifican un profundo cambio de valores y conductas que no tendrían sentido sin la omnipresencia cotidiana de la tecnología digital. Como expuse anteriormente, los datos globales de penetración son espectaculares: en 2016, la mitad de los siete mil millones de habitantes del planeta posee ya un teléfono móvil, cuatro de cada diez personas tienen acceso a Internet, y casi todos los internautas participan en las redes sociales. Pero el impacto de la tecnología en la vida de las personas va más allá y resulta aún más apabullante si analizamos los hábitos individuales. Y es que, según los últimos estudios de tendencias [R], una persona ocupa cuatro horas de su tiempo diario delante de un teléfono móvil. Y en países como Estados Unidos, este valor aumenta hasta cinco horas, lo cual supone la tercera parte del tiempo que pasamos despiertos. Más de la mitad de los usuarios suelen dormir con su teléfono móvil en la mesilla de noche, y es con lo primero con lo que interaccionan nada más despertarse. Una de cada cuatro personas se ha quedado dormida alguna vez con sus dispositivos en la mano, y una de cada tres consulta el *smartphone* de forma constante a diario (en intervalos de menos de cinco minutos).

De media, las personas adultas pasan el doble de tiempo con sus teléfonos móviles que son sus hijos, y la mayoría de ellas se daría media vuelta si se los dejaran olvidados en casa y reconocen que no podrían vivir un día normal sin su teléfono. En los jóvenes de dieciocho a veinticuatro años, los indicadores se elevan aún más: en un día normal, cuatro de cada diez interactúan con su teléfono más que con cualquier otra cosa o persona, y se sentirían profundamente ansiosos o aburridos en caso de no poder utilizarlo.

Fuertes hábitos y dependencias que son tanto causa como consecuencia de la revolución de la tecnología doméstica. Fenómenos que hacen que afortunados nativos digitales como Rubén, Ángela, o Axelle puedan alcanzar el reconocimiento público de forma súbita e incuestionable, aunque desafíen a la ética del sentido común. Por todo ello, el entendimiento de las reglas que rigen esta visceralidad digital se consolida hoy como una herramienta competitiva para las empresas y sus conquistadores digitales, que se transformará mañana en exigencia para su supervivencia y en una condición necesaria, aunque no suficiente, para no fracasar de forma estrepitosa con las nuevas reglas del mercado.

La necesidad de mostrarnos a nosotros mismos nos acompaña desde nuestra infancia. Desde los primeros pasos de nuestra razón, necesitamos compartir nuestras habilidades y nuestros pensamientos como embriones de seres sociales que somos. Enseñamos nuestros dibujos a nuestros padres, hacemos piruetas buscando una sonrisa, exponemos nuestros premios deportivos, nuestros éxitos académicos... Como adultos, casi la mitad de lo que comentamos en nuestras vidas es acerca de nuestras experiencias y relaciones personales. Nuestra natural tendencia a la competición y a la singularización de nuestras personalidades nos empuja constantemente a asociarnos con una etiqueta o con una categoría, a comparar nuestras experiencias una a una para elegir la mejor de cada dos, o a cuantificar nuestros gustos en un *ranking*: las cien mejores canciones de la historia de la música, las diez zonas erógenas más excitantes, los cinco lugares imprescindibles para visitar antes de morir... Más allá de una cuestión de vanidad o de necesidad de aprobación, estudios psicológicos demuestran que este tipo de conductas activan en nosotros las mismas zonas cerebrales asociadas al placer del sexo o la alimentación[R]. «Compartirnos» es una característica inherente a la supervivencia de nuestra especie y está vinculada a las necesidades sociales más básicas, aquellas sobre las que se construyen gran parte de las estrategias comerciales de la nueva industria de los datos.

La red Internet, que nació como un medio de comunicación bilateral sin fronteras gracias a las primeras páginas web y al correo electrónico, se ha transformado de forma meteórica en un colaborativo y masivo océano de información.

**La omnipresencia, multidireccionalidad e inmediatez de las redes sociales ha multiplicado hasta el extremo este tipo de conductas asociadas a la compartición, transformándolas incluso en una característica inherente a la nueva identidad de las personas.**

No cabe duda de que la posibilidad de expresar con extrema facilidad cualquier opinión bajo la protección física de una pantalla luminosa, junto a recibir un inmediato refuerzo, supone un catalizador y un acelerador de nuestro apetito social hasta los límites de la masificación.

Por debajo de estas motivaciones germinales, resulta interesante la aproximación al análisis de opinión. Según un estudio de referencia del *New York Times*[R], las personas inmersas en este tipo de conductas justifican sus actuaciones en la vocación de aportar contenidos valiosos y entretenidos a los demás pero, por encima de todo, en un sentido de conformar la propia identidad.

**En otras palabras, la compartición digital de nuestras emociones, ideas y contenidos nos permite definirnos ante los demás, compartiendo lo que nos importa para mostrar lo que somos.**

Mostramos nuestra intimidad para obtener empatía de vuelta, minorando nuestra sensación de soledad a corto plazo. Atraemos una mayor presencia de contactos, llamando la atención con nuestras opiniones para reunir más adeptos a nuestra forma de pensar. Nos sentimos más involucrados en los problemas del mundo, apoyando una causa justa a través de un solo gesto con el dedo pulgar, llenando nuestras conciencias en mayor o menor medida. Los vínculos sociales y las alianzas parecen generarse ahora con mayor rapidez, y quizá también nuestro sentido de identidad con el inmediato refuerzo de las opiniones de los demás, un tentador, profundo y masivo reforzador del ego.

> **No cabe duda de que las funcionalidades de las redes sociales están transformando nuestras conductas y relaciones.**

La tendencia mayoritaria de publicar opiniones para obtener un elevado número de realimentaciones positivas evade el contraste, minimiza el debate y, por ende, el enriquecimiento de opinión. La impuesta fugacidad y la brevedad de los mensajes de las aplicaciones impide la atención necesaria para la profundidad de comprensión, fomentando un consumo cada vez más reactivo de información. Asimismo, el algoritmo subyacente nos compara inherentemente con otros y registra todas nuestras actividades, mostrándonos cualquier información de forma ordenada, cuantificada y sesgada de acuerdo a nuestras propias preferencias, gustos o intereses. Se construye así un escaparate permanentemente personalizado, tan atractivo para nosotros como beneficioso para la industria.

Estas nuevas formas sociales están redefiniendo lo más esencial. La presencia digital puede ser vacua e inocua. Su interacción, superficial. El ansiado «me gusta», cuantificación por excelencia de la nueva experiencia social, constituye una forma simple de transmitir agrado, sin necesidad de escribir una opinión. Y frente al esfuerzo necesario para la construcción de un comentario, la Red nos facilita aún más la exposición de nuestras emociones: ahora no solo podemos indicar si algo nos gusta, sino también si nos asombra, divierte, entristece o enoja, eliminando cualquier sutileza y garantizando el mínimo esfuerzo de forma guiada y asistida. Se abona así el fértil terreno para la captura masiva de información y la gestión de nuestros sentimientos a través de las tecnologías de la nueva ciencia de los datos.

Los hábitos de compartición digital pueden analizarse tanto respecto a las formas como a la emoción asociada a los contenidos[R]. Si bien la preferencia de los usuarios es compartir imágenes antes que sus opiniones personales, el sustrato emocional de las publicaciones tiende a ser siempre consciente o inconscientemente intenso, conforme a lo que se necesita para atraer audiencia. Muchos usuarios comparten sus hechos vitales más profundos (enfermedades, defunciones, o imágenes de los primeros momentos de hijos sobre el cuerpo desnudo de sus madres), y otros exponen sin tapujos sus sentimientos de felicidad, hastío, humor o menosprecio a decisiones políticas. Cuanto más extrema es la emoción expresada, más probabilidad de seguimiento y retroalimentación existe, y más viral puede ser el contenido asociado.

El mercado ha tomado buena nota de estas actitudes para industrializarlas y mecanizar su viralidad. Por doquier proliferan los estudios y las metodologías de *marketing* viral como oportunidad competitiva y valor añadido para las empresas. Herramientas que en no mucho tiempo se convertirán en requisito imprescindible para prosperar comercialmente en la era digital.

El autor americano Jonah Berger realiza un profundo análisis de la publicidad viral en su éxito editorial *Contagious*[R], definiendo características comunes entre múltiples casos de éxito de la industria americana. De las conclusiones de su trabajo se desprende que las ideas masivas contienen un valor práctico en última instancia («sirven» para algo), y están diseñadas deliberadamente para ser fácilmente memorizables y evocables en situaciones cotidianas (contienen un lema, una imagen, un sonido, o una palabra inequívoca). Plantea, además, que para que una idea sea contagiosa debe hacer sentir bien a la persona que la comparte, dándole una imagen positiva, relevante o de interés frente a los demás, para generar el consecuente efecto en cadena. Los mensajes que triunfan provocan emociones directas y cuentan historias que pueda personalizarse y en las que los clientes pueden sumergirse.

No obstante, y si bien esta minuciosa aproximación a la viralidad positiva es a todas luces plausible desde un punto de vista comercial, podría antojarse insuficiente a la hora de explicar casos como los de nuestros protagonistas, Rubén, Ángela o Axelle, flamantes nuevas estrellas del firmamento digital. Tal vez las premisas en estos casos pudieran ser incluso más evidentes:

**Algo se convertirá en viral solo si es atractivo, directo y emocionalmente impactante y tan perfectamente adaptado al medio como al público al que se expone. Pero, sobre todo, si supera las expectativas y la intensidad de lo ya existente.**

Es en esta carrera por extender el límite de lo extremo donde parecen fundamentarse las reglas de la viralidad en la Red, asumidas de facto como necesarias para el triunfo en la sociedad digital. El impacto y la emoción parecen ser las claves para sobreponerse al exceso de información y al ruido de Internet, los cuales constituyen la competencia más difícilmente franqueable. Por ello, la consigna de utilizar elementos potenciadores de la emoción es un estándar de los nuevos departamentos de *marketing*, emociones que pueden ser tanto positivas como negativas. En este sentido, es bien sabido que los mensajes de alegría, confianza o felicidad facilitan más la propagación viral de los contenidos, pero también es posible manipular los mensajes negativos para alcanzar el éxito, siempre que generen emociones extremas. Es especialmente llamativo profundizar en las conclusiones de recientes estudios[R] que postulan que los mensajes que provocan tensión, espera, miedo, hostilidad o incluso disgusto superan en viralidad a aquellos que se centran en las emociones positivas.

Comprender la naturaleza de esta dimensión negativa de la viralidad debe ser un elemento de responsabilidad para los proveedores de contenidos y, en última instancia, para los propios usuarios. Poco se ha escrito sobre los casos de linchamiento digital, ejemplo por excelencia de este tipo de viralidad, tales como la humillación pública a través de la difusión de fotos íntimas, o el insulto masivo a una persona, motivado, en ocasiones, por una actitud puntual y aislada. En estas situaciones, la enorme facilidad que ofrece la tecnología para compartir cualquier tipo de contenido y la constante realimentación de opiniones similares hace que el linchamiento virtual crezca de forma incontrolable, convirtiéndose casi en una obligación incuestionable para los que participan en él, y sin que esté permitido cualquier espacio para el análisis[R]. El efecto arrastre de la masa digital parece imparable e implacable, ejerciendo su castigo antes de valorar los hechos. La causa deja de ser visible ante la avalancha viral, y el ruido de la emoción arrasa cualquier atisbo de razón.

El escarnio carece de límites, y las secuelas son tan profundas como imperecederas, sometidas al permanente riesgo de su reanimación dentro de un sistema que lo almacena e indexa todo.

En 1958, el psicoanalista Jacques Lacan acuñó el término «extimidad» como la parte pública de nuestra «intimidad», es decir, aquella intimidad que es expuesta a los demás con nuestro control y albedrío. Sesenta años después, las nuevas formas de lo digital parecen haber disuelto las fronteras entre ambos conceptos. La existencia de mecanismos de control para la «extimidad» digital debe ser un derecho fundamental de todas las personas conectadas, y reivindicarlos un clamor por parte de todos los actores. Porque los resultados que la Red nos devuelve sobre nosotros mismos no son una imposición, sino que forman parte de nuestros derechos más básicos, aquellos que conforman nuestra dignidad, nuestro respeto, nuestra tolerancia, así como nuestra capacidad de perdonar y ser perdonados.

# SER DIGITAL, ALTER Y EGO

El sentido de la propia identidad es un concepto inalienable, un constructo que reside en nuestras mentes desde los albores de la Humanidad. Esta capacidad abstracta se desarrolla en nosotros en los dos primeros años de vida, manifestándose en pequeñas conductas tales como reconocernos en una fotografía, señalarnos ante un espejo o tocarnos el pecho al escuchar nuestro nombre. Este sentido tan primigenio de lo que somos paulatinamente se transforma en un producto social, fuertemente vinculado a cada época y cultura. La identidad nace, se transforma y se moldea a lo largo de nuestras vidas, a partir de nuestras decisiones y experiencias; en nuestros días, la percepción del «yo» adulto es difícilmente separable de la familia, la religión, la posición social, de un símbolo, o incluso de los colores de un equipo de fútbol.

La identidad es, pues, también un sentimiento de pertenencia a un colectivo, a unos valores, a un ideal. Y viceversa, la pertenencia constituye también identidad. Esta simbiosis es la que nos ayuda a sobrellevar la soledad y a buscar un sentido a nuestras vidas, pero es también uno de los mayores enemigos para encontrar la verdadera libertad: si queda anclada en nosotros incondicionalmente, nunca podremos diferenciar lo que queremos de lo que se nos impone. Como desarrolla ampliamente el sociólogo Manuel Castells[R], en nuestros días y en una época de abstracta globalización de capital, tecnología e información, el poder de esta simbiosis no merma sino que se refuerza, puesto que la necesidad de compartición del territorio, la lengua, la etnia, o incluso un perfil en una red social resulta más visceral e inconsciente, como claves de seguridad para el individuo.

Lo que somos es, a su vez, un espejo en el que mirarnos. El reflejo de ese cristal interior adquiere múltiples formas: un dibujo, un lema, un objeto preciado, un recuerdo, un *«selfie»*. Representaciones que pueden quedar impresas en nuestras mentes como realidades incuestionables si nos sobreexponemos a ellas, distorsionando nuestra percepción. Y en la Red, nuestra identidad es la representación de nosotros mismos a través del rastro digital que dejamos.

> **Nuestros perfiles, nuestros comentarios, las publicaciones que compartimos, los grupos a los que pertenecemos, nuestros gustos o nuestras fotografías conforman nuestro *alter ego* de forma dinámica.**

Este «yo» digital es de naturaleza introspectiva[R], con un discurso principalmente centrado en el pensamiento y el sentimiento ante la ausencia de atributos corpóreos. Una ausencia que permite a nuestra versión digital ser escurridiza y retráctil, pudiendo esconderse fácilmente. Es un «yo» múltiple, ubicuo, residente en diferentes lugares virtuales al mismo tiempo y que atrae a los demás por lo que narra o describe mediante palabras o imágenes. También es un «yo» anónimo, que puede ser representado en la mente de los demás simplemente con la mera lectura de sus palabras. Representaciones e imágenes virtuales que crecen imparables ante la masificación de la Red, con pocos ápices de conciencia y control. Identidades que pueden ser devueltas de forma masiva a toda la sociedad con el simple tecleo de nuestro nombre en el buscador de Google.

Pero no es el crecimiento desmedido de aquello que compartimos, ni su incontrolable exposición, lo que provoca la gran distorsión que sufre nuestro sentido de la identidad en el mundo digital; nuestro «yo», ahora más que nunca, depende de lo que la Red opine de nosotros a través de cualesquiera usuarios anónimos o identificados. A través, incluso, de las decisiones de las propias máquinas. Sin útiles de borrado y sin derecho al olvido, la participación en la lotería de la viralidad se convierte en obligatoria para todos.

La era digital permite que una pequeña porción de la identidad pueda convertirse en una identidad en sí misma, en otro «yo». Y también que un desliz puntual de comportamiento pueda transformarse, en pocas horas y de forma masiva, en una realidad incuestionable cuyo peso recaiga sobre los hombros y la conciencia de un simple ser humano. La creación de la reputación, antaño exigente y minuciosa, se acelera de forma descontrolada apoyándose en el aval de la opinión pública y en la asistencia de la recomendación automática, que se construye a sí misma a partir del cruce de la identidad del usuario con la de aquellos que le son afines. Una vez más, lo circunstancial se puede convertir en esencial, por encima del libre albedrío de las personas comunes.

········································································

**Asumiendo de forma inevitable estas nuevas reglas, se hace crítico y determinante decidir cómo queremos configurar nuestra presencia e identidad digital.**

········································································

Esta decisión entra en conflicto con la naturaleza misma del sentido de la identidad, con el constructo mental cuya herencia evolutiva debemos a la naturaleza. De forma minuciosa y articulada conforme a las nuevas herramientas tecnológicas, con la asunción de complejos conceptos para la protección de la privacidad y los datos personales, debemos reflexionar conscientemente sobre si nos interesa unirnos a la ubicuidad de la Red y exponernos en todo momento en ella, o alternativamente crear diferentes personajes (podemos engañar, pero también ser fácilmente engañados). Debemos decidir si exponemos íntegramente nuestras vidas o solo una parte de ellas. Y si exponemos a nuestros seres queridos y a nuestros hijos, siendo conscientes de que ellos no tienen potestad alguna para decidir sobre qué parte de su futuro estamos comprometiendo al hacerlo sin derecho al olvido.

Podemos valorar incluso no implicarnos en la vida virtual, asumiendo la brecha social que esto supone y manejando los conflictos consecuentes. En ese caso, tendremos que superar la angustia de saber que nos estamos perdiendo algo de forma constante y sobreponernos al miedo a la exclusión[R]. Un sentimiento que, en mayor o menor medida, condiciona los actos de la mayoría de las personas conectadas y que dificulta la capacidad de atender de forma focalizada la actividad presente. Y es que es esta inseguridad ante la pérdida de información la que genera un hábito de conexión recurrente, de necesitar consultar de forma constante nuestros dispositivos personales, de interrumpir nuestra actividad.

**Sea como fuere, la gestión de la identidad digital debe ser una asignatura obligatoria para todos los actores de la sociedad para evitar un desbordamiento ético.**

En 2010, Eric Schmidt, entonces máximo responsable de Google, realizó unas sorprendentes declaraciones al *Wall Street Journal*[R]. En ellas predijo que en el cénit de la hiperconectividad de las personas y las cosas (es decir, cuando toda la información posible esté disponible, reconocible y registrada), se crearán nuevos derechos, tales como el cambio automático de nombre de un joven al llegar a la edad adulta, con el fin de rechazar su imborrable pasado de las redes sociales. No debiéramos permitir que nuestro nombre, última expresión de nuestra identidad, fuente de confortabilidad interior y herramienta esencial para la comunicación con nuestros seres queridos, se convierta en una reluciente moneda de cambio en el voraz mercado digital.

# EN LOS LÍMITES DE
# LA PRIVACIDAD

La transformación digital de nuestras vidas nos permite extender nuestra zona de confort a través de la magia de las pantallas. Estemos donde estemos mantenemos la sensación de apego con lo más preciado, al simple tacto del bolsillo de la chaqueta o de un bolso de mano. Gran parte de nuestros amores, temores, recuerdos o ilusiones son accesibles sin esfuerzo con pequeños gestos en nuestros dispositivos, a través de la mera interacción de nuestros ojos con un objeto que se sostiene en la palma de nuestras manos.

Nuestras mentes traducen este tipo de interacciones tan íntimas y preciadas en una envolvente sensación de protección y privacidad. Si, además, la relación con nuestros accesorios digitales potencia la satisfacción de nuestras necesidades sociales y afectivas, rechazaremos de forma natural cualquier esfuerzo por modular los riesgos asociados a su uso, por más evidentes que estos sean a veces. La publicación descontrolada de fotos e información personal en redes públicas, la falta de interés por la protección de las contraseñas de las cuentas de usuario, la utilización de la mensajería instantánea para compartir información confidencial, o la nula importancia que se da a las condiciones de privacidad y seguridad de los servicios de Internet, son ejemplos claros de la tendencia natural a la despreocupación del usuario común por los riesgos y la seguridad digital.

*A priori*, las vulneraciones de la ciberseguridad parecen suceder en una realidad separada y distante de la nuestra. Ciberactivistas, terroristas o criminales parecen tener sus propios objetivos y medios aparentemente ajenos al día a día de las personas comunes, que suelen asistir impávidas a la constante sucesión de noticias sobre importantes brechas de seguridad informática o robos masivos de datos a grandes compañías y gobiernos. Gracias a la intimidad que nos aportan nuestras pantallas personalizadas, y a la inmediata conectividad que permiten las aplicaciones de mensajería y las redes sociales con aquello que queremos, sentirnos objetivos o víctimas directas de estos ataques se nos hace emocionalmente incompatible con nuestra realidad. Esta falsa percepción contribuye al mantenimiento de una importante ceguera social respecto de las nuevas necesidades de privacidad y seguridad digital, que se ve potenciada a su vez por la complejidad del medio y la escasa divulgación y concienciación que hay sobre este tipo de cuestiones.

Las nuevas herramientas y *gadgets* digitales poseen una gran cantidad de información personal, algo que tendemos a obviar de forma natural, información valiosa para diferentes organizaciones y en permanente riesgo de exposición y sustracción. No solo nuestras fotografías, vídeos o conversaciones de texto están expuestas, sino también las ubicaciones en las que estamos (o en las que hemos estado, incluida la dirección de nuestra casa si la tenemos archivada), o nuestras contraseñas, contactos, agenda, datos económicos, físicos o identificativos. Todo ello es fácilmente accesible con nuestro dispositivo encendido y desprotegido, algo que puede hacerse de forma autorizada o desautorizada explotando una brecha de seguridad.

En el «paradigma del 24x7» −siempre conectado, siempre disponible− todas las necesidades de información convergen en nuestros *smartphones*, siempre activados y expuestos, a diferencia de otros dispositivos como los ordenadores o televisores, cuyo uso y disponibilidad es más intermitente. La información nuestra que contienen es una fuente esencial de conocimiento y riqueza para las actividades de gobiernos, empresas, organizaciones criminales o ladrones rudimentarios de datos. Todos ellos son beneficiarios lícitos o ilícitos del propio diseño de la tecnología, pero también de sus vulnerabilidades y de nuestra general falta de herramientas y criterio para la protección de nuestra información.

Ante los preceptivos permisos y órdenes legales, las operadoras de servicios de telecomunicaciones están obligadas a facilitar a las autoridades gubernamentales toda la información requerida sobre sus clientes, incluyendo cuando están activados sus dispositivos, su ubicación exacta, y su actividad en cada momento. Esta información se intercambia constantemente entre cada teléfono y las antenas o satélites que dan cobertura al servicio, constituyendo un flujo de comunicación que puede ser monitorizado e interceptado con las herramientas apropiadas.

**En otras palabras, con nuestro dispositivo activado, no solo podemos estar permanentemente conectados, sino localizados, escuchados y espiados por las autoridades o por curiosos de otra naturaleza.**

Para el mercado y la industria, el dato personal se ha convertido en el oro de la era digital. Como ya desarrollé extensamente en capítulos anteriores y gracias a las nuevas posibilidades de la captura masiva de información y de la inteligencia predictiva, la competición por la obtención del dato de la forma más inmediata y cercana posible a su fuente, es absolutamente feroz. Las personas son ahora el verdadero producto de un nuevo mercado de servicios digitales gratuitos, que adoptan numerosas estrategias para ser intrusivos respecto a los datos personales; todos ellos fuerzan el consentimiento y la responsabilidad de los usuarios como condición necesaria para funcionar, creando así un particular vacío jurídico que exime a los fabricantes y desprotege a las personas. Esta captura y flujo de datos, no solo permite la generación de publicidad personalizada, sino también el almacenamiento o venta de nuestros gustos y hábitos a terceros interesados. Prácticas que, en función de la legislación de cada lugar, pueden ser lícitas o de dudosa ética.

Por su parte, las organizaciones cibercriminales han sofisticado sus procedimientos para seguir persiguiendo sus tradicionales objetivos. Dejando a un lado los robos masivos a empresas y autoridades, los ataques para perjudicar el funcionamiento de los servicios, o la extorsión a personas poderosas y famosas a través de sus perfiles digitales, el objetivo de estas organizaciones se está centrando cada vez más en el usuario individual de tecnología móvil.

> **No solo los datos personales son un activo cada vez más valioso en los mercados no regulados, sino que son una excelente herramienta para la extorsión y el chantaje personal en una sociedad cada vez más dependiente de la identidad digital.**

Las aplicaciones descargadas desde lugares no certificados (*malware*), o los ataques espía que se realizan a espaldas del usuario en lugares especialmente concurridos o a través de redes WIFI públicas, son los hervideros principales de este tipo de ciber-robos[1]. Adicionalmente, las funcionalidades de localización de los *smartphones* permiten asignar la localización exacta de cada fotografía tomada y compartida en redes sociales, permitiendo a los cibercriminales trazar los movimientos de los usuarios por el mundo, datos especialmente útiles para organizar un secuestro o un robo en vacaciones, en plena era de la obsesión por el «*selfie*».

Al margen de estas sofisticadas estrategias que pueden ejercer organizaciones «profesionalizadas», también está el *hacker*, ladrón o activista digital más rudimentario. Él también se beneficia de las nuevas facilidades, disponiendo de múltiples herramientas que se apoyan en la falta de protección básica del usuario común. Hoy es posible descargarse fácilmente de Internet un paquete de utilidades de *hacking* básico, cómodamente y desde la zona de espera de cualquier estación ferroviaria o

---

1 *Time Square* en Nueva York, o la Catedral de Notre Dame en París, son los lugares más inseguros del mundo para tener el *smartphone* encendido[R].

aeropuerto. Utilidades que permiten, por ejemplo, detectar los *smartphones* circundantes y explotar sus vulnerabilidades para tomar control sobre ellos, activando de forma remota la cámara de un dispositivo, cambiando su contraseña o accediendo a los contactos, fotografías o mensajes de su propietario. También es posible instalar un programa espía que permita enviar información al atacante, por ejemplo, el número de tarjeta de crédito que se teclea en una compra *online*. Incluso se puede forzar al dispositivo de la víctima a participar en un ciberataque conjunto a cualquier autoridad sin que su propietario sea consciente de ello.

Nuevos riesgos para nuevos tiempos que difuminan la frontera de nuestra privacidad y nos sustraen el derecho a controlar la entrada a nuestros hogares digitales. Hogares cuyas cerraduras son propiedad de otros y no pueden ser compradas. Hogares cuyas llaves ni siquiera estamos capacitados para entender, manejar y disponer.

La tecnología más personal cabe en la palma de nuestra mano y es depositaria de nuestros afectos, relaciones, y sentimientos de exclusividad. Nos permite superar las barreras del tiempo y la distancia, aportándonos una sensación de ubicuidad y omnipresencia. Su uso se ha configurado en un irrenunciable hábito por condicionamiento y repetición, y también se ha convertido en dependencia por acción de nuestra plasticidad cerebral. Nos hace poderosos, pero a la vez profundamente vulnerables ante la insuficiencia de medios para manejar la complejidad técnica, emocional y psicológica que se deriva de la súbita transformación digital de nuestras vidas.

........................................................

**Escondida bajo los fuegos artificiales del mercado, la vulnerabilidad crece de forma irresponsable, haciendo abrumador cualquier pensamiento sobre una potencial intrusión ilícita en nuestra más esencial intimidad.**

........................................................

Una vez más, se hace imprescindible tender puentes hacia la consciencia individual y colectiva en nuestra relación con la tecnología, que nos aporte herramientas para el desarrollo de una digitalización genuinamente saludable.

# IMÁGENES PERSONALES, EMOCIONES GLOBALES

Con el paradigma de la conexión permanente, el ser humano parece destinado a vencer la barrera del tiempo y el espacio. Desde el salón de nuestra casa podemos estar en lugares diferentes gracias a las nuevas tecnologías y a nuestra presencia en las redes sociales. Y viceversa; desde cualquier lugar del mundo podemos sentirnos como en casa gracias a la interacción con nuestros dispositivos móviles. No obstante, esta hiperconectividad amenaza con mermar los contrastes y minimizar las experiencias sensoriales.

**Y es que la globalización y la compactación de cualquier forma de comunicación en los dispositivos móviles condiciona constantemente nuestra percepción de la realidad, reforzando nuestra zona de confort allá donde estemos y desviándonos de la plena atención del momento presente.**

En otras palabras, nuestra percepción de los nuevos colores, olores, sonidos o sensaciones físicas está sometida a la distorsión producida por los nuevos hábitos digitales; en nuestros días, por ejemplo, el concepto romántico del viaje y la experimentación plena de otros lugares y culturas se está transformando en una carrera por la captura del primer «*selfie*» en los puntos de interés.

Desde siempre, el ser humano ha utilizado la representación visual de sí mismo como herramienta de narcisismo, autoridad y trascendencia. Hasta la universalización de la fotografía en la segunda mitad del siglo XIX, la representación y manipulación de la propia imagen ha estado históricamente reservada a los más poderosos y privilegiados de cada sociedad; emperadores, reyes, líderes religiosos o representantes de la aristocracia nos han legado imponentes obras de arte de la mano de los más importantes creadores de cada época, llenas de solemnidad. En nuestra recién estrenada era digital, la esencia misma de este acto de vanidad adquiere una nueva forma accesible, equitativa y popular. Hoy podemos tomar una foto nuestra en cualquier situación y momento desde nuestro teléfono móvil y compartirla con miles de personas.

El primer autorretrato fotográfico se le atribuye al empresario Robert Cornelius, quien en 1839 hizo un pequeño experimento con las cámaras de antaño. En 2016, más de un siglo y medio después y según Google, 200 millones de personas comparten sus fotografías personales en sus sistemas cada mes, publicando casi tres millones de «*selfies*» al día[R]. Y, por supuesto, la industria ha tomado buena nota de estas tendencias facilitando al máximo su perfeccionamiento: filtros especiales de retoque facial, divertidas distorsiones de la imagen o palos extensores para ampliar el ángulo de la toma fotográfica, son ya complementos esenciales para la construcción del *alter ego* digital.

La necesidad de compartir una imagen para obtener el refuerzo inmediato de la red de contactos, junto con el escapismo, la diversión o la consecuente elevación superficial de la autoestima, pueden parecer razones importantes para hacer de este contenido uno de los más populares en Internet.

**Pero, por encima de todo, el *«selfie»* se ha convertido en un excelente arma comercial para la captación de nuevos compradores en las redes, que estimulan el narcisismo de sus protagonistas[R].**

En este sentido, muchos de los nuevos famosos e ídolos de masas del momento se caracterizan por publicar fotografías íntimas, provocativas o de índole sexual en sus perfiles personales, cuyo refuerzo masivo por parte de sus seguidores provoca, en última instancia, el estímulo de su vanidad. Las grandes marcas fomentan y utilizan a estas personas para promocionar sus productos y atraer aún a más cantidad de público, alimentando el ciclo de narcisismo, valía y retroalimentación positiva de forma indefinida hasta que el portador comercial —la popularidad de la persona— se agote.

Por otra parte, y desde la perspectiva del consumidor (o cliente) de los retratos digitales, sobrevienen también interesantes reflexiones.

Anteriormente expuse que la identidad digital de las personas se conforma a partir de la acumulación de los diferentes perfiles o publicaciones existentes en la Red, y que incluso una pequeña característica de lo que exponen puede convertirse en una identidad en sí misma si se refuerza de forma masiva y viral. Sin duda el *«selfie»* es, por excelencia, una de las herramientas más potentes para la creación de estas flamantes identidades digitales, cuya distorsión puede afectar tanto a la persona que se expone como a la que la consume; cuantas más fotografías se publican para promover un determinado estilo de vida, más fuerte es la identidad que evocamos en las personas que las ven, con un importante riesgo de irreversibilidad para ambas partes.

La importancia que el rostro de otras personas tiene en la representación que construimos de ellas, y por ende, en nuestras opiniones, sentimientos o valoraciones, proviene de los mecanismos primarios de nuestro cerebro y es un elemento fundamental para la toma de decisiones y la supervivencia de nuestra especie.

Así, en las redes sociales, las publicaciones que incluyen fotos de rostros humanos alcanzan mayor éxito y seguimiento que el resto (según estudios de referencia, en casi un 40%), consecuencia directa de esta tendencia biológica que ejerce un enorme poder sobre nuestra atención e interpretación. Novedosas técnicas de seguimiento ocular permiten además medir con precisión el punto donde se fija la mirada en la pantalla y realizar un completo seguimiento del movimiento del ojo a través de los correspondientes sensores; así podemos saber que los perfiles con fotografía personal son visitados siete veces más que los que no la tienen, o que el 20% del tiempo total que se emplea en su visita se emplea en ver dicha foto. Y también mediante estos interesantes experimentos es posible dilucidar nuevas técnicas comerciales, al haber identificado que las miradas tienen un efecto de atracción atencional que les permite ser utilizadas, con mucho éxito, para complementar un mensaje comercial concreto: por ejemplo, si una cara apunta hacia un texto, el observador se verá casi inevitablemente forzado a leerlo por empatía natural con la mirada de la persona fotografiada.

> **La potente asociación que nuestras mentes hacen entre las emociones y las facciones básicas del rostro humano es la base de técnicas comerciales inmemoriales.**

Pero en nuestros días, además, esta asociación se ha industrializado con la estandarización de los símbolos faciales para acompañar a los mensajes de texto: más de la mitad de los usuarios de Internet[R] utilizan de forma frecuente en sus mensajes emoticonos y «*emojis*» como complemento e incluso como forma de expresión *per sé*. Estos pequeños objetos visuales constituyen una nueva forma de compartir emociones de forma rápida y prefabricada y han revolucionado la comunicación interpersonal adquiriendo una enorme popularidad.

Los emoticonos nacieron como una forma de simular las expresiones de la cara humana mediante el uso de los signos de puntuación. A pesar de algún vago precedente en la prensa del siglo XIX[R], su invención se atribuye a Scott Fahlman, científico de la Universidad de Carnegie Mellon, en 1982. Hoy, más de treinta años después, el calado de estas pequeñas combinaciones de símbolos es tremendamente potente en nuestras mentes, disparando impresiones emocionales al instante: haga el lector el breve experimento de observar sus sensaciones al leer la expresión:

–¡Qué feliz estoy!

y, tras una pequeña pausa, leer:

—¡Qué feliz estoy!  : -**(**

para percibir como un sentimiento de sarcasmo depende tan solo de tres caracteres  : -**(**

Desde el año 2010, los *emojis* se han impuesto como el complemento emocional imprescindible en las comunicaciones digitales. A diferencia de los emoticonos, este conjunto de dibujos de rasgos humanos, más o menos definidos y expresivos, dependen del fabricante del dispositivo y de la aplicación donde se visualizan (es decir, no son universales y no siempre se «dibujan» igual). Por esta razón, y según un interesante estudio de la Universidad de Minnesota[R], existen importantes diferencias de interpretación de un mismo *emoji* según la marca de teléfono móvil que se posea, e incluso, también se constatan dificultades para asociar el mismo significado a un *emoji* concreto, dando lugar a posibles problemas de comunicación; por ejemplo, la representación de una cara apretando los dientes puede interpretarse tanto positiva como negativamente, lo que da lugar a posibles malentendidos entre las personas que se comunican si no se contextualiza adecuadamente el mensaje.

A pesar de estos desajustes, la estandarización de las emociones básicas mediante simpáticos dibujos (alegría, enfado, tristeza, aprobación, desaprobación, etc.) se está convirtiendo en una incuestionable y masiva forma de relación social. Una vez más, este fenómeno se fomenta desde la industria tecnológica, puesto que su extensión aporta un enorme valor para las predicciones y la inteligencia de la nueva ciencia de los datos.

> **Cualquier diseño impuesto para expresar lo que pensamos o sentimos a través de dibujos, símbolos, palabras o imágenes facilitará al máximo la captura masiva de datos y la posterior toma de decisiones.**

Esta especialidad de la inteligencia de negocio, denominada «análisis del sentimiento», está en plena ebullición en nuestros días, ofreciendo nuevas metodologías y posibilidades para la mejora de la competitividad comercial de las empresas en la era digital.

Mediante la estandarización e industrialización de la emoción, una vez más, las transiciones se diluyen, las sutilezas se minimizan y los contrastes se extreman. Como desarrollaré con la debida extensión en el próximo capítulo, la infinita riqueza que poseen las emociones humanas no puede empaquetarse de forma simplista, en un conjunto más o menos extenso de representaciones de rasgos faciales o gestos habituales. La adecuada comunicación y representación de la emoción necesita clamorosamente de los matices que aportan nuestro tono de voz, nuestro vocabulario y nuestro lenguaje no verbal. La ansiedad, la frustración, la ternura, el dolor, el amor, el deseo... son emociones complejas que deben ser expresadas utilizando nuestras plenas capacidades y poniendo en valor la presencia, el tiempo y el espacio necesarios para su despliegue. Solo así es posible la comunicación plena y completa entre seres humanos, principio –y fin– esencial de este camino que llamamos vida.

# REESCRIBIENDO LA COMUNICACIÓN. RELACIONES DIGITALES

*elfies*, emoticonos y *emojis* son nuevas formas de expresión que, para tener un sentido completo, necesitan aún de las tradicionales formas de comunicación verbal y escrita. A este respecto, en la era digital disfrutamos del privilegio de comunicarnos en cualquier situación y en cualquier momento con el solo gesto de activar una llamada o escribir un mensaje instantáneo; podemos decir con facilidad y brevedad lo que queremos o lo que necesitamos, validar cualquier decisión de forma rápida, o contactar sin esfuerzo con nuestros seres queridos, y saber en todo momento si han recibido nuestro mensaje. Podemos trabajar en línea con otra persona localizada a miles de kilómetros distancia, sin coste alguno y sin sentir las fronteras. Podemos decir a otra persona que la amamos, que la recordamos, a través de nuestros dispositivos. Todo ello sin un impacto aparente en nuestro tiempo y utilizando nuestras pantallas como un nuevo espacio de protección e intimidad personal.

La voz y el habla, forma de comunicación por excelencia en situaciones de cercanía interpersonal, y la escritura, tradicionalmente utilizada para superar distancias o por necesidades de formalidad, sufren hoy de una llamativa inversión. Y es que, en nuestros días, cada vez nos escribimos más y más cerca, para necesitar hablar menos entre nosotros. Paradójicamente, en una época en la que las tecnologías de voz y videoconferencia han alcanzado un pleno estado de madurez, accesibilidad y economía universales, una parte muy importante de la población sigue tecleando en sus pequeñas pantallas táctiles, a veces con obsesividad. Las aplicaciones de mensajería instantánea son hoy un medio habitual para relacionarse personal o profesionalmente, constituyendo incluso la forma preferente de comunicación para la gran mayoría de los más jóvenes.

La inmensa popularidad del «*texting*» frente a las llamadas de voz o vídeo responde a una fenomenología psicológica muy particular.

**Y es que el mensaje instantáneo parece ofrecer lo mejor de los dos mundos, al asociar la sensación de inmediatez y cercanía de la comunicación verbal a la protección que ofrece la posibilidad de editar lo que se escribe en casi cualquier situación.**

La interacción personal inmediata unida al control de la exposición es una combinación casi irresistible para nuestros cerebros, atracción que se fomenta aún más por los fabricantes de aplicaciones. En este sentido, la mayoría de los diseños están claramente orientados a capturar la atención (se muestra en la pantalla si una persona está escribiendo o no antes de enviar el mensaje, generando una reacción de espera y alerta), y a maximizar el impacto emocional de no contestar a un mensaje (mostrando la hora de última conexión del usuario, y si ha leído o no el último mensaje).

La penetración y aceptación social de estos diseños es tal que, según los más recientes estudios de tendencias[R], el 43% de los usuarios considera que un mensaje debe ser contestado antes de diez minutos, y el 10% de forma instantánea (especialmente, las personas nativas digitales o «*millenials*»). Estos nuevos hábitos conforman nuevas frustraciones y expectativas, que hacen bajar la tolerancia de los usuarios a no ser respondidos a un mensaje hasta límites a veces extremos, sin contemplar ni siquiera el contacto verbal como solución. De hecho, las llamadas telefónicas se están transformando en un recurso de urgencia, asociándose psicológicamente a un sentido de molestia e intrusión.

La interacción múltiple y privada que nos permite la mensajería de texto instantánea se traduce socialmente en un sinónimo de eficiencia en la comunicación. Pero lo será siempre y cuando los mensajes se utilicen como herramienta para agilizar las relaciones, validar informaciones con respuestas simples, o facilitar la sensación básica de contacto (donde estamos, que hacemos, que necesitamos, que queremos hacer). Cualquier otra aspiración para profundizar en el fondo o en la forma de la comunicación fracasará estrepitosamente ante las limitaciones del sistema y lo hará profundamente ineficiente; no solo el hábito de la inmediatez hace desistir de cualquier intención de elaborar una redacción compleja (ante la impaciencia que surge por necesitar interaccionar con el destino de inmediato), sino que la lentitud de la escritura consume una ingente cantidad de tiempo y atención por parte de los usuarios (una persona normal puede decir unas 150 palabras de media por minuto, pero solo puede teclear 40 en su *smartphone*).

> En otras palabras, utilizando la mensajería
> de texto de nuestros dispositivos móviles
> perdemos tres veces más tiempo en
> relacionarnos con los demás, haciéndolo
> además de forma mucho más superficial.

La ineficiencia de la práctica prolongada del *texting* no es solo psicológica, sino también física. Un interesante estudio conjunto de las Universidades de Texas y Bath publicado en 2015[R] concluye que el cuerpo humano está desarrollando nuevos hábitos de locomoción motivados por la consulta constante del móvil. De forma inconsciente, se camina de forma más lenta y con pasos más cortos, especialmente cuando se lleva el teléfono móvil en la mano y como respuesta natural a la pérdida de control sobre los obstáculos circundantes. Evidentemente estas limitaciones automáticas del cuerpo no son suficientes para garantizar la seguridad personal, ya que caminar atendiendo al dispositivo móvil aumenta cuatro veces el riesgo de distracción en los cruces o ante señales de tráfico[R].

En cualquier caso, y a pesar de la gran fenomenología que supone el uso de la mensajería instantánea de texto, la voz parece querer recuperar su lugar con las nuevas funcionalidades de los dispositivos más recientes. Algunas aplicaciones de mensajería permiten ya incorporar grabaciones voz en sus comunicaciones y otras más avanzadas permiten traducir a texto las palabras capturadas. En este sentido, la captura del lenguaje natural de los usuarios a través de su voz y su procesamiento y comprensión por parte de las máquinas es uno de los grandes retos a corto plazo de la tecnología. En 2016, y según

Google, más de cinco millones de palabras de diferentes lenguas pueden ser reconocidas por sus sistemas con una precisión del 90% de acierto e independientemente de su interlocutor. Precisión, no obstante, insuficiente aún para una experiencia completa y fiable (99%), que debiera alcanzarse en 2020 según los expertos. Será en este momento cuando las personas puedan relacionarse con sus dispositivos a través de comandos verbales con plena naturalidad y se inicie una nueva etapa que se caracterizará por la progresiva obsolescencia y el abandono de los teclados.

> **Sea con funciones táctiles, verbales o textuales, la pérdida de espacio para la genuina comunicación en favor de la interacción a través de una pantalla tiene importantes efectos secundarios en las relaciones humanas.**

Esto ocurre especialmente cuando el sustituto de la conversación adquiere la forma de mensajes instantáneos, cortos y rápidos, con carencia de signos de puntuación o complementados por símbolos que representan emociones estandarizadas. No cabe duda de que minimizar los matices de la expresión y eliminar cualquier aspecto físico o presencial en la comunicación afecta profundamente a la calidad y al sentido de la misma, pudiendo distorsionar el mensaje de forma severa, en especial si es complejo. Adaptar y elegir la forma de comunicación más adecuada según la importancia y el contenido de lo que se quiere comunicar se convierte en una herramienta imprescindible en nuestro tiempo; un tiempo donde es posible romper un vínculo familiar con una conversación a través de un teléfono móvil, o «sentirse» enamorado de una persona a partir de mensajes de texto en un *chat*. Distorsiones cuyos velos solo pueden caer ante el contacto de la presencia humana, en el que participan de forma esencial la voz, la mirada y el lenguaje gestual. La toma de consciencia sobre la importancia del propio acto de la comunicación, y la atención y el tiempo necesarios para que su calidad sea coherente con el sentido de aquello que quiere ser comunicado, son aspectos que deben reglar siempre una parte esencial de nuestra relación con la tecnología.

||||||||||||||||||||||||||||||||||||||||

*«Fue el tiempo que pasaste con tu rosa
lo que la hizo tan importante».*

Antoine Saint Exupéry, *El Principito.*

||||||||||||||||||||||||||||||||||||||||||

# CAPÍTULO CUATRO

# HACIA UNA NUEVA CONSCIENCIA EN NUESTRA RELACIÓN CON LA TECNOLOGÍA

Frank siempre fue una de las personas más carismáticas de su barrio. Con tan solo quince años tuvo que hacerse cargo de sus tres hermanos y compaginar el cuidado de estos con un trabajo de obrero de la construcción. Fruto de sus carencias emocionales y de la situación de necesidad, forjó un carácter extrovertido y deliberadamente seductor que le permitió en poco tiempo montar su propio negocio de compraventa y construcción de viviendas. Moldeando confianzas y débitos de forma innata, transformó su red de relaciones personales en una sólida cartera de clientes. Uno a uno y aumentando por el «boca a boca», todos ellos le permitieron consolidarse como la referencia de confianza en toda la región. La industria no tardó mucho en fijarse en las capacidades comerciales del empresario para convertirlo en el gestor oficial de una importante compañía inmobiliaria de viviendas de alta gama. La apuesta fue certera, ya que en poco tiempo llegaron los reconocimientos: mejor vendedor, mejor servicio postventa, mejor franquicia nacional.

Corría el año 1996 y Frank estaba en la cúspide de su carrera profesional, con una red comercial estratégicamente desplegada por todo el país. Sus herramientas de trabajo eran aparentemente sencillas: un par de bolígrafos en su chaqueta, un catálogo impreso de viviendas de lujo y una calculadora de bolsillo. Pero lo que le hacía imbatible frente a la competencia era el perfeccionado cortejo que había desarrollado con respecto a sus clientes: un ritual único y genuino con el que regalaba exclusividad. Muy a menudo fundía sus dotes de empatía con elevadas dosis de alcohol, llegando a veces hasta la extrema dependencia. Los tratos podían cerrarse en la sobremesa de un almuerzo o a altas horas de la madrugada, en la barra del bar más exclusivo de la ciudad, o en lugares menos decorosos. Cualquier situación era buena para cerrar una venta. No había límites para ser el mejor, para obtener el máximo beneficio o para consumir la siguiente botella que bajara la última defensa del cliente.

Su éxito y poder labrado con méritos propios le confirió una incondicional autoridad, distorsionando su percepción de lo esencial. Sus métodos comerciales, para él inviolables, estaban basados en el control absoluto de la información y en la manipulación mediante la seducción. Pero en el año 2003 aparecieron las primeras dificultades; su franquicia debía informatizar todas sus actuaciones y someterlas a determinados procesos de calidad exigidos desde la sede central de la compañía. Reticente y desconfiado, a Frank todo ese nuevo mundo de los ordenadores y las redes le generaba una profunda inseguridad. Él, un experimentado constructor convertido en el mejor vendedor de sueños exclusivos, se sentía perdido entre aquella maraña de minúsculos conectores que inundaban la todavía rudimentaria domótica de las viviendas más elitistas. Delegó con menosprecio las cuestiones informáticas en su personal administrativo, renunciando a considerar cualquier valor añadido que estas pudieran aportar a su negocio y se refugió con más fuerza aún en sus métodos. Rechazaba cualquier aprendizaje por cansancio y soberbia natural ante la amenaza de la transformación de su negocio.

*Sus brillantes técnicas de venta en pocos años se convirtieron en propaganda inútil para un cliente cada vez más informado a través de los catálogos online, los comparadores de precios, los mapas de Google o los vídeos promocionales en Youtube. Sus rudimentarios controles financieros se resintieron ante la obligada informatización de todos los datos y el posterior cruce de los mismos con las autoridades de inspección fiscal. Los constantes gastos de desplazamiento y la lentitud de sus trámites eran cada vez más difíciles de justificar, frente a la disponibilidad y eficiencia de los servicios online. Sus políticas de personal se quedaron obsoletas frente a una competencia cada vez más ágil, plenamente conectada a través de los dispositivos móviles y capaz de atraer con más fuerza a los nuevos talentos. Sus índices de ventas se desplomaron al mismo ritmo que la confianza de sus colaboradores y la fidelidad de sus clientes. Frank observaba, impertérrito e incapaz de reaccionar, como aquella revolución de las pequeñas máquinas, no solo estaba siendo capaz de destruir su negocio, sino también su propio poder de seducción, su autoestima y su impostado valor como persona.*

*En 2014, abandonado por su inmobiliaria matriz y ante las puertas de la suspensión de pagos, su clientela más fiel quedó definitivamente desmantelada. Su último bastión fue absorbido por una emergente franquicia de la competencia capaz de duplicar los índices de ventas de los mejores años de Frank. Moderna, ágil, y eficiente, su competencia más cercana le ha sucedido hoy como el mejor vendedor nacional, el mejor servicio de mantenimiento y postventa, y la mejor franquicia nacional.*

*Impotente y aislado, Frank se refugia como cada madrugada en su salón acristalado junto a su botella de* alcohol. *Ajeno a redes sociales o mensajes instantáneos, el sabor de la copa le permite evocar viejas sensaciones y placeres. Todo ello a pocos metros de su derruido imperio, que se construyó sobre los pilares de su presencia física y su capacidad de seducción, el monopolio y la manipulación de la información. Valores que, al menos en su caso, fueron superados por la transformación digital de la industria y su incapacidad para adaptarse.*

*Liam todavía recuerda, no sin nostalgia, el fuerte olor a cemento y pintura que impregnaba cada rincón de aquella urbanización de viviendas de su padre. Solía llegar hasta allí cada tarde al salir de la escuela y sentarse en un rincón en una vieja silla de madera; toda su ilusión era aprender el oficio de su padre, renunciando a los típicos juegos de su edad. Como el niño especialmente atento y sensible que fue, observaba con admiración cada gesto amable que su padre dedicaba a sus clientes. Le fascinaba ese halo de magia que cubría a todos los que entraban y salían de allí convencidos de poder vivir en el mejor lugar posible e invadidos por un irremediable sentimiento de exclusividad.*

*Pocos años más tarde, la llamada de una importante compañía internacional le permitió vivir una adolescencia rica en abundancia y posibilidades, pero también llena de conflictos internos. El espejo en el que siempre quiso reflejarse, esa sonrisa eterna y seductora, parecía deformarse en la barra de los bares. Por aquel entonces aprendió a ahogar la ansiedad de las largas noches de alcohol y la desmedida autoridad de su padre en las complejidades de sus incipientes estudios universitarios de tecnología; soñaba, tal vez, con un futuro diferente al que marcaba su aparente destino más lógico.*

*Pero pronto su esfuerzo derivó a enriquecer el gran negocio de su padre, como acto de fidelidad incondicional a lo que había recibido. Partiendo de las mismas condiciones que cualquier vendedor novel, pero asumiendo el peso de la exigencia moral de lo heredado, en pocos años se convirtió en el mejor comercial de la franquicia de su padre. No solo por su enorme talento y capacidad de trabajo, sino por la agilidad que imprimía a sus procedimientos gracias a su conocimiento de las nuevas tecnologías. La captura de nuevos clientes ganó con él una importante eficacia, y la remisión electrónica de catálogos y facturas empezó a generar nuevos hábitos en los clientes, reduciendo de forma sustancial sus visitas a sus oficinas. La información interna de la franquicia empezó a ganar transparencia, desvelando importantes desajustes en toda la plantilla y provocando algunos conflictos y revuelos. La desconfiada mirada de su padre ante estos nuevos métodos, amenazantes para los suyos, tornó la exigencia en celo y la colaboración en competición. El privilegio de la herencia se convirtió en un férreo control sin sentido hasta que, ahogado anímica y profesionalmente, se produjo el inevitable y doloroso cisma.*

*Liam lidera hoy el ránking comercial de compraventa de viviendas de alta gama como el mejor vendedor nacional, el mejor servicio postventa, y la mejor franquicia nacional. Dirige un negocio dinámico, descentralizado y eficiente, con gran presencia de la tecnología en todos sus procesos. En sus oficinas todos los documentos son electrónicos, evitando los tradicionales costes, in-*

*eficiencias y extravíos de los expedientes en papel. Las ventas e inscripciones son rápidas y eficaces, apoyadas en la inmediata provisión de fondos de la banca online y en los servicios electrónicos de la administración pública. El control del inventario es impecable, gracias a los datos que los smartphones de sus comerciales envían tras cada visita. Sus balances económicos están saneados y sincronizados permanentemente con las cuentas de la marca y automáticamente conectados con las autoridades fiscales. El plan de carrera profesional de sus empleados se apoya en incentivos económicos transparentes e informatizados, evitando decisiones arbitrarias y conflictos personales. La captación de nuevos clientes es más dinámica que nunca a través de una fuerte presencia en las redes sociales, en las que también se apoyan los servicios post-venta y los controles de calidad y satisfacción del cliente.*

*Pero, ante todo, la confianza de sus clientes y el éxito de su negocio se fundamentan en la absoluta rendición al paradigma digital: Liam está siempre disponible y siempre conectado. Sustentado en un teléfono móvil que nunca duerme, su día a día es una rutina de atención permanente, inmediata y sin descanso de mensajes instantáneos. En su oficina, en su coche, en el cine, o disfrutando de una velada con su familia más cercana, las interrupciones forman parte de su cotidianidad; ignorarlas supondría una desatención básica a sus clientes, algo impensable que le generaría remordimientos o la pérdida de una oportunidad. Olvidarse del teléfono o un problema de batería sería inadmisible. Cualquier situación es justificable para bajar la mirada y atender una notificación, para desviar la atención de cualquier otro asunto y contestar a una llamada; la tecnología perso-*

*nal no ofrece límites para ser el mejor, para obtener el máximo beneficio, para ser el más rápido, sea cual sea el momento, o quien esté delante.*

*Como casi todas las noches, Liam se refugia en su acristalado salón, acompañado de sus libros de bolsillo y de una caliente infusión de camomila. Agotado y algo enajenado por las elevadas demandas de su trabajo, observa frustrado como él, ávido lector desde siempre, es incapaz de hacer una lectura sostenida de más de cuatro líneas. Incluso es incapaz de recordar bien lo que leyó el día anterior. Es inútil. Su mente divaga errática entre el cierre de balance de cuentas del mes, las características de la nueva remesa de suelos radiantes, las fotos de la última fiesta de empresa que están pendientes de publicarse en Instagram o los más de trescientos resultados del comparador online para decidir sus próximas vacaciones. Demasiada información para asimilar de forma reposada en ese breve instante. En la mesilla de noche su teléfono vibra y siente una extraña sensación de alivio; un WhatsApp enviado por uno de sus clientes le permite conectar de nuevo con esa sensación confortable, estimulando la adrenalina que impregna diariamente su actividad cotidiana. Como ocurre con tantos otros ejecutivos de su generación, su cerebro está más que habituado a los cambios rápidos de atención, por lo que los reclama con dependencia y reforzando positivamente la repetición del hábito.*

*Por fortuna, y tras unos minutos absorto en su smartphone, su sensibilidad y su consciencia le permiten despertar. Sutilmente, pero lo suficiente como para sentir la importancia de su presente y cuestionar la inviolabilidad de sus métodos. Lo suficiente como para disfrutar del tacto de su taza caliente, e incluso para le-*

vantar la mirada y conectar con la sonrisa de su bella mujer, reforzando ese valor de la presencia que aprendió observando a la persona que más admiraba. Despierto y consciente, como para no permitir que la dependencia digital y sus nuevos hábitos se conviertan en la infranqueable barra de un bar tan exclusivo como invisible para sus seres más queridos.

# ANTE EL RETO DEL CAMBIO

Este relato ejemplifica las consecuencias de la brecha socio-digital y como todo proceso de innovación conlleva una inherente resistencia al cambio. Cuando el proceso, además, forma parte de una revolución industrial, la resistencia se extiende a todos los niveles de la sociedad, multiplicando aún más los costes de transformación y afectando a todos los engranajes del sistema.

**Desde diferentes aproximaciones, y a lo largo de este libro, se ha podido vislumbrar como la transformación digital está destinada a cambiar profundamente los patrones de comportamiento, consumo, y producción de forma global.**

Con la plena implantación del *Big Data,* el «Internet de las Cosas» o la impresión 3D, los analistas[R] prevén que en el lapso 2016-2020 se habrán creado dos millones netos de puestos de trabajo vinculados a las nuevas oportunidades que surgirán en los sectores de la alta gestión, ingeniería, arquitectura y computación. Pero, a su vez, no dudan en vaticinar la destrucción de otros siete millones de empleos asociados a los sectores más tradicionales, como los administrativos y de producción tradicional o manufacturación. El balance neto será, por tanto, de destrucción de puestos de trabajo y redistribución de la riqueza. Gobiernos y empresas serán actores fundamentales de esta cuarta revolución industrial. Si bien la Historia parece responsabilizar al poder político de las grandes innovaciones, la balanza se ha reequilibrado. La innovación tecnológica ya no es propiedad exclusiva de las autoridades, sino que es potenciada fundamentalmente por las grandes empresas; son ellas las que, de forma autónoma, han realizado un despliegue global sin precedentes de productos orientados a la toma de datos de la vida de cada ciudadano del mundo. Y en la era digital quien posee la información posee el poder. Por ello, las pugnas entre sector público y privado serán cada vez más frecuentes y se librarán batallas por la intrusión en la privacidad, el control de la información económica o los monopolios fácticos (en 2016, Google, Apple o Microsoft se han visto inmersas en importantes procesos judiciales e investigaciones a este respecto).

**Desde un punto de vista más cotidiano, el impacto de la transformación digital también será elevado para las personas comunes.**

Afectará especialmente a los colectivos más desfavorecidos, los cuales carecerán de medios para incorporar las nuevas habilidades en sus vidas y deberán asumir aún más la brecha social resultante. Otros sufrirán una resistencia natural a la innovación y a la salida de su zona de confort. Las generaciones más longevas se sentirán amenazadas por el entusiasmo incondicional de los jóvenes por una tecnología para ellos incomprensible, aumentando la distancia generacional. Y en los grupos más radicales, como aquellos luditas ingleses del siglo XIX, la desconfianza y el miedo podrán transformarse incluso en desprecio, segregando conflictos a ambos lados de la brecha. Pero el proceso transformador progresará, inevitablemente, como evolución natural de nuestra sociedad impulsando a la mayoría de las personas tanto hacia sus bondades como hacia sus riesgos. Ahora más que nunca, el fomento de nuestras capacidades creativas, atencionales y físicas se erige en una habilidad imprescindible para alcanzar una vida mental y emocionalmente saludable.

**Como seres humanos, el reto de nuestra época no será simplemente adaptarnos a las funcionalidades de la nueva tecnología, sino que tendremos que gestionar el impacto que estas tendrán en una dimensión muy profunda de nosotros.**

Como parte de una sociedad en la que todos estaremos hiperconectados y expuestos a un interminable fluir de información, este reto tiene varias dimensiones: (a) Habremos de manejar la alteración casi permanente de nuestra atención, percepción y presencia con el entorno que nos rodea, fruto de la interacción permanente con nuestros dispositivos personales y (b) tendremos que gestionar la nueva identidad digital y su imborrable huella en las redes, aplicando complejos criterios para la seguridad y la privacidad de los datos que exponemos en ella, gestionando a su vez el eventual colapso de nuestras capacidades naturales de asimilación y toma de decisiones por el exceso de información disponible.

Respecto al último aspecto, en el siglo XXI un ser humano puede generar y consumir en cuestión de horas más datos que en toda una vida del siglo XVIII. Esta interacción entre las personas y la información tiene además una creciente componente de pasividad, ya que cada vez son más las fuentes que nos rodean especialmente diseñadas para ser intrusivas con nuestra atención mediante constantes estímulos visuales e interrupciones. Una tasa elevada de este tipo de información genera de forma natural, una pérdida de profundidad en la capacidad de asimilación y análisis de nuestros cerebros. Y en una tasa aún mayor genera una respuesta de estrés que puede inducir fácilmente al error, afectando a la toma de decisiones y vinculándose, según las características de la persona que la recibe, a una respuesta emocional de ansiedad, lucha o huida.

En 1998, en los albores de la sociedad de la información y antes de la definitiva explosión de Internet, el psicólogo británico David Lewis definió el «síndrome de la fatiga informativa»[R] como nuestra incapacidad biológica para procesar toda la información a la que estamos expuestos. Según Lewis, la «infobesidad» puede causar hostilidad, deficiencias de concentración y actuaciones compulsivas, y en caso extremo, depresión o problemas inmunológicos. Cotidianamente no es extraño encontrar este tipo de comportamientos a nuestro alrededor ni tampoco en nosotros mismos; no hay más que observar nuestra creciente incapacidad para mantener una lectura sostenida y profunda durante un largo período de tiempo, la constante necesidad de consultar nuestros dispositivos o la ansiedad que nos produce la pérdida de la conectividad con nuestras redes virtuales.

En nuestros hogares, empleos o en dinámicas de grupo, el fomento de un uso activo y acotado de la tecnología que parta de la voluntad de relacionarnos, crear o investigar, reforzará los mecanismos de la atención consciente y permitirá hacer frente a la fatiga informativa. Por el contrario, si la tecnología se utiliza sin un fin objetivamente establecido, estaremos frecuentemente expuestos a la incondicional pérdida de control, saturación o estrés que caracteriza ya a algunas de nuestras habituales dinámicas diarias.

**La capacidad de anteponer un «qué» y un «para qué» en nuestra relación con la tecnología nos permitirá ser más dueños de nuestro tiempo y nuestra atención, dando el espacio necesario a nuestras mentes para desplegar el resto de nuestras capacidades.**

No obstante, y ante una sociedad 24x7 que nunca duerme[R], las dificultades para sistematizar estas dos simples preguntas son mayúsculas. Ante la ausencia de barreras entre vida personal y profesional, o ante la confusión entre lo que es disponibilidad o presencia, tratar de ejercer un control activo en la relación a nuestros dispositivos puede parecer inútil. Por ello, el esfuerzo individual debiera complementarse con la reclamación del derecho a la desconexión, a todas luces necesario para garantizar la protección jurídica de aquellos que decidan relacionarse de forma más sana con la tecnología. Innovadores precedentes como el incorporado en 2017 por Francia en su regulación[R], creando la obligación a las grandes empresas de regular el uso de las tecnologías fuera del horario de oficina, marcan un camino a seguir para los países desarrollados.

# REIVINDICANDO LA PRESENCIA

Ser consciente de la atención que prestamos y de la importancia de nuestra presencia es uno de los retos de nuestra época.

**Hoy, casi una tercera parte del tiempo que pasamos despiertos lo empleamos en interactuar con nuestros dispositivos móviles, y gran parte de nuestra actividad se consume en presencia de una pantalla de teléfono, «tableta», ordenador o televisión.**

Los jóvenes interactúan con sus *smartphones* más que con cualquier persona, mientras que sus padres también pasan más del doble de tiempo con sus dispositivos que con ellos, comportamientos que parecen ya inevitables y que se justifican estereotipadamente como seña de modernidad, eficacia y rapidez ante las posibilidades que ofrece la tecnología. Tanto en entornos empresariales, como en dinámicas educativas y familiares, las nuevas formas de comunicación digital se han impuesto con fuerza y con aspiraciones de incondicionalidad y es un hecho que el —casi obsoleto— correo electrónico, la mensajería instantánea, los grupos de *WhatsApp* o las redes sociales están eclipsando a la comunicación presencial. Parejas que discuten a través de mensajes y *emojis*, familias que se relacionan en las redes sociales aunque vivan bajo un mismo techo, o reproches profesionales vertidos en una interminable hilera de correos electrónicos y a múltiples destinatarios, son distorsiones típicas de nuestros días.

La comodidad y agilidad de estas nuevas formas de comunicación parecen obviar su insuficiencia para desplegar una comunicación completa y afectiva entre las personas. Las consecuencias de esta ceguera no son triviales ya que afectan a cualidades humanas muy profundas que han sido labradas en nuestra evolución. Es evidente que mientras una persona consulta constantemente su dispositivo pierde el contacto visual con su entorno y, cuando además utiliza este como forma preferente de comunicación renuncia a las capacidades que aportan su presencia y su lenguaje corporal. Estas acciones, cada vez más normalizadas y aceptadas en la sociedad, tienen una serie de consecuencias psicológicas y emocionales cuyo conocimiento es importante para evitar distorsiones y conflictos.

**Decidir el tipo de comunicación más apropiado para cada situación se convierte en una habilidad fundamental de nuestro tiempo; solo así podremos ser consecuentes con las carencias de las herramientas digitales y extraer a su vez el mayor beneficio de sus posibilidades.**

Sorprende, en este sentido, la minusvaloración tácita de la comunicación no verbal que existe en la actual vorágine digital. Si bien el interés por su investigación es bastante reciente, la urgencia para su puesta en valor en los programas educativos o empresariales resulta apremiante ante la creciente distorsión de la comunicación interpersonal por el abuso de los hábitos digitales.

. . . . . . . . . . . . . . . . . . . . . . . . . . . . . . . . . . . . . . . . . . . . . . .

**La comunicación no verbal está impresa en las partes más primarias de nuestros cerebros y su relevancia es mucho mayor que la que el pensamiento racional aparenta; el tono de voz, la mirada y la expresión corporal aportan más de un 65% de la información que transmitimos en una conversación, y hasta el 82% según algunos estudios recientes[R].**

. . . . . . . . . . . . . . . . . . . . . . . . . . . . . . . . . . . . . . . . . . . . . . .

Por tanto, las señales que enviamos y recibimos a través de nuestro cuerpo no debieran menospreciarse, especialmente si la situación que lo motiva o el mensaje a transmitir son de especial relevancia. En otras palabras, decir a una persona que la amamos con un mensaje de texto supone renunciar al 82% de la información que podemos compartir.

La mirada es una de las principales cualidades afectadas por las nuevas tecnologías. Además de las distracciones que fomentan la presencia de pantallas y estímulos visuales en casi todos los espacios de las sociedades desarrolladas, la tercera parte de las personas chequean sus dispositivos cada cinco minutos, de forma activa o reactiva, consciente o inconsciente. Estos desvíos de atención dificultan cada vez más el contacto visual sostenido entre personas, algo que tiene sutiles pero importantes consecuencias para ambos interlocutores; la persona que fija su mirada en la pantalla pierde cualquier información visual de su entorno, mientras que la persona que observa sufre una percepción de carencia de empatía, importancia o desinterés por parte de su interlocutor. Estas impresiones se disparan en una zona profunda del cerebro y no siempre son visibles con el pensamiento, pudiendo ser especialmente perjudiciales según el peso emocional de la conversación. Como bien señala el Dr. Adrian Furham[R] en una de sus publicaciones más populares, la mirada es, desde tiempos inmemoriales, la batuta de la conversación y la señal de su sincronización, y una cualidad fundamental para la seducción o la empatía entre los seres humanos. Es una excelente transmisora de confianza y seguridad, y si se sostiene con deliberación puede dotar a la conversación de un interés personal que va más allá del sentido mismo de la comunicación. La mirada puede ser una extraordinaria cualidad para transmitir la inherente autoridad y personalidad de un líder o la fortaleza de valores de un padre consciente.

No solo comunicamos con nuestra mirada, sino también a través del resto de características del lenguaje facial y gestual, todas ellas heredadas de nuestros antepasados. Ya Charles Darwin, en 1872, hizo una rigurosa aproximación a esta cuestión en su obra *La expresión de las emociones en el hombre y en los animales*[R]. Su publicación, pionera en su concepción y una de las primeras de la Historia con impresiones de fotografías, ilustra brillantemente como una importante parte de nuestros gestos provienen del mundo animal, transformándose evolutivamente para adquirir un significado emocional y colectivo en nuestras sociedades. Expresiones tan comunes como encoger la nariz en momentos de disgusto, o apretar los dientes y encoger los ojos en situaciones de enfado, son reflejos ancestrales que comparten todos los seres humanos y que son percibidos de forma subliminal (primigeniamente, al encoger la nariz se minimizaba la inhalación de posibles olores desagradables o nocivos y en situaciones de lucha los cazadores fijaban su mirada en su presa y atacan con su mandíbula).

Más allá del legado darwiniana, la literatura científica no ofrece estudios destacables sobre la comunicación no verbal hasta bien entrado el siglo XX[R]. En ellos existe un amplio consenso sobre la relevancia del movimiento corporal, las expresiones faciales o el tono de voz en el procesamiento humano de la información. El lenguaje no verbal[R], en este sentido, cumple una doble función en la comunicación. La primera, y la más inteligible, es la de ayudar y complementar al lenguaje verbal mediante gestos de énfasis y aclaración, minimizando instintiva o deliberadamente cualquier sensación de ambigüedad (por ejemplo, sonriendo si el mensaje es alegre, o cerrando los puños en señal de fuerza en caso de enfado). Los gestos son especialmente importantes y tienden a estar más presentes en situaciones de dificultad verbal, tales como la necesidad de comunicar conceptos complejos o emociones intensas, o bien, en circunstancias más livianas como compensar el elevado ruido de fondo o dificultades con el idioma. También son un excelente facilitador del aprendizaje y la memoria, ya que potencian la asociación de una idea mental con un contenido corporal (es por ello que el lenguaje gestual es una herramienta extremadamente útil en las metodologías educativas de los más pequeños).

La segunda función del lenguaje no verbal es claramente paralingüística y se caracteriza por ser percibido de la forma más subliminal posible. Por tanto, resulta especialmente difícil de manipular sin el debido entrenamiento. La fluidez y la rapidez de los movimientos y los gestos, la posición de las manos, la sudoración, la respiración, o la velocidad y continuidad del discurso verbal son elementos que permiten a los receptores elaborar juicios inmediatos con poco margen de error, dependiendo de su sensibilidad. La popular intuición o «la primera impresión» está fuertemente vinculada a estas cualidades subliminales del lenguaje y condiciona en gran parte nuestras actuaciones posteriores. La confianza que ofrece un discurso depende directamente de estos elementos no verbales, por lo que cuanto más potente sea el contenido emocional o la relevancia de la información a comunicar, más imprescindible será la presencia de este tipo de lenguaje para aportar una sensación de autenticidad a quien lo recibe.

Por último –aunque no menos importante–, resulta llamativa la importancia que estos estudios dan a factores externos a la hora de procesar la información no verbal, tales como los objetos o las condiciones del entorno donde se desarrolla la comunicación. Nuestras percepciones subliminales, no solo están condicionadas por el lenguaje gestual, sino que en ellas influyen de forma decisiva elementos como la ropa, los complementos, el *atrezzo* del lugar, el ruido de fondo o el silencio. Podría decirse pues que cualquier elemento del espacio-tiempo asociado a una comunicación presencial es una poderosa herramienta de comunicación, pudiendo aportar de forma intangible una valiosísima información (la edad, el estado de ánimo, el estatus económico, profesional o social de una persona, etc.).

........................................................

**En definitiva, nuestra presencia es decisiva para conformar una completa comunicación. Solo ella ofrece las cualidades no verbales que aportan más de la mitad de la información.**

........................................................

La multidireccionalidad e inmediatez que ofrecen las tecnologías digitales facilitan enormemente el contacto entre las personas, pero penalizan nuestras mejores cualidades al ser incapaces de aportar mucho más que un mensaje y sus aderezos (imágenes, vídeos o *emojis*). Que el ser humano prefiera relacionarse a través de pantallas en lugar de conversar plantea complejas cuestiones psicosociológicas. Es incuestionable que la comunicación digital reduce la vulnerabilidad personal que supone tener que exponerse presencialmente, precisamente al eliminar las dimensiones no verbales y menos controlables del lenguaje; mediante la tecnología podemos superar fácilmente las barreras de la timidez o el aislamiento, aunque también podemos llegar a ser más crueles ante la carencia de obstáculos físicos y espacio. Los dispositivos también facilitan el contacto personal sin necesidad de esfuerzo físico, de forma ágil y cada vez más estandarizada; pero sus diseños orientados a las interrupciones y a los mensajes breves reducen la tolerancia y la paciencia necesarias para una conversación sostenida.

Según la psicóloga americana Sherry Turkle, una conversación necesita al menos siete minutos para desplegarse de forma natural y conectar intelectual o emocionalmente a dos personas. Hoy, en presencia de un *smartphone*, no nos sorprende percibir que el contacto visual y la quietud necesarias para una escucha concentrada pueden tornarse imposibles en un lapso de dos o tres minutos, convirtiéndose incluso en síntomas de nerviosismo, sobreesfuerzo o aburrimiento.

**Optar por una presencia sin fisuras en las situaciones más valiosas de nuestras vidas debiera formar parte de nuestros hábitos mentales, costara lo que costara.**

Solo así podremos asegurarnos de que la comunicación es completa y sirve a nuestros objetivos, minimizando la ambigüedad, favoreciendo el aprendizaje, o transmitiendo confianza, interés o afectividad. Pero no solo debemos elegir en base a nuestros objetivos, sino por una cuestión mucho más esencial: sin la mirada y el lenguaje gestual de otros jamás podremos sentirnos plenamente acompañados, comprendidos, valorados, deseados o amados, emociones no digitalizables que dan un sentido último a la naturaleza del hombre y también a sus decisiones, y que hacen que la vida sea digna de ser vivida.

# HILVANANDO LA ATENCIÓN

En una sociedad cada vez más entrenada para atender a lo visualmente impactante, y con la hiperconectividad y la inmediatez como valores incuestionables de eficacia, el espacio necesario para la calidad de la atención, la paciencia, la concentración, el lenguaje no verbal o la profundidad del diálogo entre personas queda inexorablemente reducido. Con la tecnología como estandarte, la sobreestimulación de las respuestas reactivas de nuestra atención genera, según la psicóloga americana Lucy J. Palladino, tres patrones de comportamiento en nuestra rutina diaria, que se suceden de forma aparentemente arbitraria[R].

El primero de ellos se caracteriza por una fluctuación emocional entre el aburrimiento y el exceso, motivada por la carencia de transiciones entre picos muy elevados de estimulación. Podemos observarlo en las personas que, de forma sistemática, disfrutan intensamente de una nueva compra para que esta caiga en el olvido poco después, o también en las que se obsesionan por solucionar los problemas y cotidianidades lo antes posible para «luego» estar más relajados y tener tiempo libre consumiéndolo, irremediablemente, de forma reactiva o vacía. También en las que complacen hasta el extremo las demandas de los demás, esperando inconscientemente una futura compensación de la misma intensidad, o en las que no toleran el silencio y la quietud y necesitan ruido de fondo para aplacar sus mentes. Estas conductas se caracterizan por un alto nivel de nerviosismo general y por la inestabilidad anímica que genera la dependencia de la estimulación a corto plazo, que llevan a los individuos a pasar del entusiasmo al aburrimiento, de la alegría a la impaciencia, o de la agresividad al sueño en cuestión de segundos. El diseño de la tecnología refuerza aún más estos hábitos, puesto que ofrece todos los componentes para seguir estimulando la generación de adrenalina a corto plazo: notificaciones inmediatas, contenido de impacto visual, y acceso y consumo rápido de la información.

El segundo patrón de comportamiento es una procrastinación prolongada ante la incapacidad de gestionar emocionalmente la sobrecarga de información. Como expondré posteriormente, la toma de decisiones en la vida diaria de nuestras sociedades se ve muy afectada por el exceso de posibilidades, pudiendo colapsar los mecanismos de acción de las personas y sumirlas en comportamientos pasivos y depresivos, según las personalidades.

Pasar largos minutos delante de un libro de texto o de un proyecto profesional sin saber por dónde empezar, tener una habitación eternamente desordenada o sentirse incapacitado para elegir el destino de vacaciones (o el plan para el próximo fin de semana), son pautas habituales que hoy se ven fomentadas por la disponibilidad e inmediatez de las distracciones digitales. Ante el esfuerzo necesario para la concentración mental, tanto la navegación sin rumbo por Internet como la fácil oferta de distracción en las redes sociales pueden adormecer nuestros mecanismos de acción por un tiempo abrumadoramente prolongado.

El último patrón que describe la didáctica exposición de la Dra. Palladino responde a la multiplicidad, hiperactividad e hipervelocidad de las actividades diarias. Es el caso de las personas que se refuerzan ante sí mismas (y ante los demás) con su capacidad de combinar múltiples atenciones y tareas, algo que elevan a la categoría de seña de identidad y a un valor de eficacia. La satisfacción y el refuerzo psicológico positivo suelen ser directamente proporcionales a la velocidad y al número de tareas que se pueden asumir, las cuales se despliegan ante la incapacidad de percibir la elevada y opaca intensidad emocional con la que se ejercen y la fuerte intolerancia a la frustración que se genera ante cualquier error o retardo. Este patrón de comportamiento se retroalimenta especialmente con el paradigma 24x7: siempre disponible, siempre conectado. Así, encontramos personas que chequean constantemente sus dispositivos, incapaces de separarse de ellos sea cual sea la situación, o personas que publican todas sus actividades en redes sociales, pareciendo haber perdido cualquier ápice de proporcionalidad en su relación con el mundo virtual. A todas ellas sus dispositivos les confieren un sentido de identidad y exclusividad, haciendo sus conductas inevitables, necesarias y justificables en cualquier situación, pues no toleran la frustración de la desconexión.

**Los cambios súbitos de atención, la procrastinación y la hiperactividad cohabitan dentro de la mayoría de nosotros. Basculamos hacia ellos, en mayor o menor medida, en función de nuestras inquietudes, esfuerzos, características genéticas o herencias recibidas.**

Tres patrones aparentemente disjuntos, pero que comparten causas y consecuencias comunes que nos deben iluminar el camino hacia una relación más saludable con la tecnología. Desde el prisma de las causas, todos ellos se fomentan –e incluso se motivan– por el exceso de estímulos e información, característica inherente a la tecnología digital. Desde las consecuencias, los tres son incompatibles con el estado mental necesario para ejercer la atención plena, sostenida y consciente, por razones biológicas y particularmente de equilibrio neurofisiológico. Por ello, y una vez más, debemos ser conscientes de estos comportamientos, poniendo en valor sus motivaciones, riesgos y afecciones, como primer paso para gestionar su impacto negativo en nuestras vidas.

Resulta particularmente revelador profundizar en la multiplicidad, hiperactividad e hipervelocidad de la vida digital. Cuestionarse científicamente la eficacia de desempeñar varias tareas al mismo tiempo puede servir como semilla para el cambio, al menos, para las mentes más despiertas.

Importantes estudios científicos[R] abordan el comportamiento del cerebro ante la división de la atención, coincidiendo en un aspecto fundamental: en condiciones normales, el tiempo total que se invierte en finalizar un conjunto de tareas es superior si se abordan de forma dividida a si se realizan de forma secuencial. Desde el punto de vista neurofisiológico, en el cambio de una tarea a otra el cerebro humano siempre necesita una transición para desconectar los circuitos neuronales asociados a una tarea y activar los de la nueva. Este proceso produce un retardo que, en función de la complejidad de la actividad y la profundidad de pensamiento necesaria para abordarla, puede durar desde pocas milésimas de segundo hasta largos minutos. A su vez, el cambio de tarea supone una alteración de nuestra actividad neuronal y un esfuerzo adicional que se compensa con una generación súbita de adrenalina. Es por ello que las personas que habitualmente dividen la atención se encuentran muy estimuladas y con dificultades para revertir sus actividades, y finalizan sus jornadas con elevados síntomas de agotamiento, mucho más que si hubieran abordado las tareas de forma secuencial.

**El abuso de la multiplicidad genera un estado de activación neurofisiológica muy elevado, saturando nuestra percepción y rozando los umbrales de alerta y ansiedad.**

Por ello, en estas situaciones solo es posible procesar con claridad los estímulos que están a la altura de esos umbrales, como los mensajes directos, agresivos o impactantes. Al igual que nos resulta difícil escuchar el sonido de los pájaros al pasear por cualquier colapsada y ruidosa avenida de una gran ciudad, tampoco podemos percibir las sutilezas de las expresiones o el lenguaje no verbal de las personas que nos rodean, ni siquiera nuestras propias ideas e intuiciones, si estamos inmersos en el elevado nivel de estrés que fomenta la atención dividida. De nuevo, ser conscientes y decidir cuándo nos interesa comportarnos de forma multitarea (generalmente en actividades que requieran poco esfuerzo y sean mecánicas) y cuándo de forma secuencial y sostenida (en aquellas que sean más complejas, o requieran concentración o creatividad), será una clave de éxito en nuestros días.

El fenómeno de dividir la atención no depende solo de nuestras decisiones o de nuestros hábitos, sino que también está íntimamente ligado a las interrupciones que sufrimos. En la vorágine de una sociedad digital en la que las notificaciones y los estímulos visuales de las pantallas alteran nuestra percepción de forma continua, entender su impacto en nuestras mentes nos aportará nuevas herramientas para gestionarlas.

Uno de los principales estudios de referencia en la materia, elaborado por la Universidad de California[R], afirma que en los entornos profesionales los trabajadores son interrumpidos cada tres minutos, y que el esfuerzo de alcanzar la plena concentración de nuevo puede suponer más de veinte minutos. Más allá de la plena aplicabilidad de estos datos a una muestra universal, no pueden obviarse otras dos conclusiones especialmente interesantes del citado estudio; la primera es que casi la mitad de las interrupciones diarias nos las producimos nosotros mismos y, la segunda es que atendemos de forma inmediata el 70% de las mismas independientemente de su urgencia. Es inevitable trazar un arco con los tres patrones de comportamiento que expuse anteriormente, y pensar en como la tecnología fomenta con firmeza este tipo de hábitos.

Sufrimos tantas interrupciones que nos cuesta vivir sin ellas, y por condicionamiento de nuestra respuesta cerebral hemos llegado a necesitar interrumpirnos, y volver a interrumpirnos.

Y este ciclo puede continuar indefinidamente hasta automatizar nuestras mentes con dinámicas no saludables de inestabilidad anímica, procrastinación o hiperactividad, todos ellos elementos que afectan profundamente a nuestras capacidades de concentración y atención sostenida.

Al particularizar la anatomía de las interrupciones, las notificaciones visuales, audibles o táctiles de los dispositivos electrónicos, los expertos sugieren también interesantes reflexiones[R]. Este tipo de alertas, a pesar de su corta duración, son elevadamente disruptivas por la potente respuesta conductual que generan. En este sentido, el coste atencional de recibir una notificación sin atenderla se asemeja, de forma inquietante, al coste de atenderla leyendo el mensaje o respondiendo a la llamada. Parece pues que el condicionamiento de nuestra conducta es ya tan potente que el cerebro no diferencia entre si se accede al contenido de la notificación o no. El disparador es tan solo la forma, el estímulo *per se*. Asimismo, las investigaciones muestran que las actividades que requieren esfuerzo y concentración son especialmente penalizadas por las alertas de los dispositivos; una vez que se reciben, nuestro estado emocional cambia bruscamente, fomentando que cometamos más errores y resolvamos la actividad en curso con mucha más rapidez y superficialidad. En este sentido, y según un reciente estudio de la Universidad de Florida publicado en 2015, la sola presencia de un teléfono móvil en la mesa reduce un 7% la precisión de la actividad que estemos desempeñando, cifra que alcanza un 23% en el caso de recibir una notificación. Lo llamativo del experimento es que en ninguno de los dos casos los sujetos objeto de estudio mantenían contacto visual con el dispositivo.

> **El coste de la interrupción en nuestra actividad mental es por tanto elevado, y más aún si se fomenta como hábito diario en cualquier situación.**

En trabajos, hogares, o en actividades de ocio y de tiempo libre, el sobreentrenamiento del cerebro a las constantes interrupciones de los dispositivos digitales no conoce límites, salvo los que pongamos nosotros. Gestionar sus efectos, tales como la inestabilidad anímica, la procrastinación o la hiperactividad sostenida, puede hacerse de forma rupturista asumiendo el consecuente aislamiento social. Pero también puede hacerse de forma compatible con las demandas tecnológicas de la sociedad, estableciendo y respetando sistemáticamente tiempos y espacios para el fomento de nuestra presencia y atención activa. Este es, en mi opinión, el único camino posible para establecer una relación constructiva con la tecnología.

Desde esta aproximación, en ningún caso debemos caer en el error de demonizar esta gran transformación que están sufriendo nuestras mentes. La sobreestimulación, la hiperactividad y el comportamiento multitarea son excelentes herramientas para salir del aburrimiento, para hacer frente a fechas de entrega, para ser más ágiles en la comunicación, e incluso para algunos aspectos del desarrollo intelectual y la supervivencia. Nos serán útiles siempre y cuando seamos conscientes de sus efectos y de si sirven a nuestros propósitos. Decidir y ejercer el tipo de atención más adecuada según la particularidad de cada situación y tener un criterio bien conformado acerca de qué rol debe jugar la tecnología en cada caso, será una habilidad que diferenciará a las nuevas personas, padres o líderes de los tiempos venideros. No hacerlo supondrá el progresivo deterioro de nuestras capacidades de concentración, y por ende, de nuestras cualidades analíticas, creativas, y de empatía y comunicación con los demás. Un deterioro que no debemos permitirnos como seres humanos ni mucho menos legar a las nuevas generaciones, especialmente cuando en nuestras propias mentes residen los mecanismos para revertirlo.

# SUPERANDO EL DILEMA DE LA DECISIÓN

La libertad más esencial e inalienable del ser humano consiste en poder elegir. Privilegio para unos y tragedia para otros, este acto supone transformar constantemente nuestras vidas. Sin elección no hay crecimiento, ni tampoco identidad o desempeño. En nuestras sociedades de la abundancia, el dictamen parece ser claro: a mayor número de elecciones, más posibilidades de renovación; cuantas más alternativas, más facilidades para encontrar la solución perfecta, aquella que colmará absolutamente nuestras satisfacciones. Pero como dice el psicólogo americano Barry Schwartz[R], si bien una vida sin elecciones no puede ser vivida, una vida con excesivas elecciones se convierte en una profunda tiranía.

Es evidente que el dilema que presenta la «paradoja de la decisión» está más presente que nunca en nuestras vidas.

**Nuestra irremediable inmersión en una sociedad cuya información excede las capacidades comunes de asimilación, y en la que la tecnología digital ofrece incesantemente interrupciones y estímulos reactivos, hace que la agilidad de obtener información para nuestras decisiones se confronte constantemente con el espacio y tiempo necesarios para asimilarla.**

Las consiguientes afecciones intelectuales y emocionales de esta situación no deben ser pasadas por alto. Superar la paradoja de Schwartz en nuestra relación diaria con la tecnología conlleva necesariamente tomar consciencia de los procesos mediante los cuales decidimos, trabajándolos de forma estructurada y articulando activamente el papel de la tecnología según las particularidades de cada situación. Una vez más, abordar psicológicamente la cuestión puede aportar la primera luz en el camino.

En este sentido, puede decirse que en nuestras mentes el acto de decidir supone ejecutar varias acciones que, con mayor o menor rapidez, suceden entre el reconocimiento del problema y la actuación que llevamos a cabo para solucionarlo. Según el investigador Gary A. Klein[R] —cuyo trabajo es quizá la mayor referencia en la materia—, las decisiones se caracterizan por un análisis previo de la información externa, junto con las propias expectativas, experiencias y metas. Es decir, con el fin de alcanzar nuestros objetivos, nuestras elecciones parten de una evaluación de lo que percibimos, explorando alternativas y simulando sus consecuencias según nuestra experiencia y condicionamientos. En este proceso participan siempre nuestras cualidades intelectuales y emocionales, balanceadas según las circunstancias externas e internas; así, una decisión será más profunda y racional o, por el contrario, más intuitiva o instintiva, según el riesgo de cada situación, el tiempo disponible para decidir, o el nivel de estrés y la activación neurofisiológica que acumulemos en el momento de hacerlo.

Información, expectativas y objetivos son tres variables que, dicho sea de paso, no siempre están alineadas emocionalmente. En nuestros días, el debate sobre cómo los nuevos hábitos digitales impactan sobre ellas está servido, y sin duda es respecto a la variable de la información donde la paradoja se hace más evidente.

. . . . . . . . . . . . . . . . . . . . . . . . . . . . . . . . . . . . . . . . . . . . . . . . . . . . .

**En un sistema en el que podemos obtener infinitas referencias para aquello que queremos conseguir, la selección de alternativas puede ser una actividad infinita y extenuante, pudiendo generar síntomas de fatiga informativa, tales como hostilidad, deficiencias de concentración, necesidad compulsiva de tomar la decisión, o procrastinación.**

. . . . . . . . . . . . . . . . . . . . . . . . . . . . . . . . . . . . . . . . . . . . . . . . . . . . .

A este respecto, resulta especialmente didáctico un experimento sociológico rescatado también por Schwartz en uno de sus libros más populares. En él, cientos de personas eran expuestos a una muestra de diferentes tipos de embutidos en un espacio gourmet, como degustación gratuita y durante varios fines de semana. El objetivo del experimento era detectar los patrones de compra de los clientes, según variara el número de muestras de embutidos a degustar cada día (seis y veinticuatro, respectivamente y en sesiones alternas). Los resultados fueron reveladores. Si bien la exposición de un mayor número de muestras atraía un porcentaje superior de clientes (un 60%, frente al 40% en las sesiones con menor exposición de embutidos), el número de degustaciones efectivas por persona fue similar en cada mesa. Pero la conclusión más importante fue que, en las sesiones de degustación con veinticuatro muestras, solo un 3% de los clientes adquirieron alguno de los embutidos, frente a un 30% de compras en las sesiones con seis degustaciones. La muestra de este estudio, publicado en el año 2000 por miembros de las universidades americanas de Columbia y Stanford, es suficientemente sólida, extensa y heterogénea como para sacar conclusiones comerciales concluyentes sobre la afección que un exceso de alternativas produce en nuestras decisiones.

Extrapolando esta problemática a nuestras decisiones individuales y a aquellas en las que la generación de alternativas depende de nosotros mismos, un excesivo número de criterios puede limitar de forma importante nuestra eficacia y nuestra satisfacción. Es por ello que debemos abordar siempre con una actitud consciente las decisiones más importantes, definiendo en primer lugar qué es lo que queremos conseguir con la máxima claridad, y limitando el tiempo máximo para la obtención de las alternativas antes de proceder a investigarlas. Solo así estableceremos un marco mental suficientemente acotado que nos permita la convergencia de toda la información obtenida, evitando las consecuencias negativas del exceso de elecciones disponibles. No debemos olvidar que una decisión, sea cual sea, siempre aportará una sensación de seguridad al eliminar la incertidumbre de la indeterminación, y que la indecisión, por el contrario, incrementará la vulnerabilidad creciente en el desempeño de nuestras actividades.

> **Acotar el entorno de opciones disponibles para no incurrir en tal vulnerabilidad se convierte en una habilidad fundamental en nuestros días ante la abrumadora disponibilidad de alternativas en el océano de información virtual.**

Por su parte, la evaluación de las expectativas y consecuencias de cualquier decisión afecta a nuestras cualidades emocionales, especialmente en aquellas elecciones que nos aportan un sentido de identidad y expresión (por ejemplo, decidir nuestro próximo destino de vacaciones, o el colegio de nuestros hijos). La tecnología digital nos acerca infinitas opciones ágiles y eficientes pero, por otra parte, nos compara inherentemente con otros. Los hábitos de compartición de contenido digital y la «masividad» de las redes tienden a crear nuevos condicionamientos, provocando en algunas personas un efecto muelle que ahoga emocionalmente el «antes y el después» de la decisión. En el extremo anterior del muelle parece que cualquier elección debe ser comparada con la opinión masiva y anónima de la Red, y también con la satisfacción de aquellos que sean afines a nosotros (pocos turistas decidirían reservar un hotel con una valoración de una sobre cinco estrellas en cualquier agregador de ofertas de viaje, independientemente de las licitudes y contenidos de las opiniones). Estas nuevas conductas implican un mayor tiempo y esfuerzo en la toma de decisiones cotidianas, tales como comparar los precios de un mismo producto para comprarlo en el lugar más barato o elegir las características del restaurante donde queremos celebrar nuestro aniversario.

En el otro extremo del muelle presionan los costes emocionales de las expectativas no cubiertas tras nuestras elecciones. Y es que, de forma natural, nuestra mente traza una relación directamente proporcional entre el esfuerzo de tomar una decisión y la importancia y exigencia de su satisfacción; las expectativas se elevan ante la complejidad de la decisión y el tiempo invertido en ella, independientemente de su contenido o impacto en nuestras vidas. Es quizá por ello por lo que algunas personas estén sufriendo una distorsión de su capacidad para disfrutar cada pequeña transformación de su vida, cada avance natural, cada momento o cada viaje, etiquetando y comparando constantemente sus percepciones con las que sobreentienden de otros y con las de su propio pasado. Insatisfacción por comparación. Insuficiencia por saturación. Con opciones ilimitadas tal vez podamos generar mejores resultados, pero no necesariamente sentirnos mejor por ello ni pensar que sean los óptimos, incluso aunque lo sean.

Por último, es importante no perder de vista que todo lo anterior también está expuesto a la anatomía de nuestros procesos atencionales. En este sentido, los ya descritos estados de hiperactividad y multiplicidad afectan a nuestras dinámicas cerebrales y en especial a la toma de decisiones, puesto que nuestra atención está inevitablemente sesgada hacia los estímulos más llamativos. Si bien de forma natural estos estados de activación neurofisiológica son muy útiles para la toma de decisiones urgentes, taxativas y automáticas, son totalmente desaconsejables para problemáticas complejas que requieran una atención sostenida.

> **El éxito y la eficacia de las actividades intelectuales y emocionalmente demandantes dependerá de nuestra capacidad para controlar la exposición a los hábitos de hiperactividad y multiplicidad que fomenta la tecnología digital.**

Plantea el Dr. Kabat Zinn[R] que dentro de la complejidad propia de nuestros días, con todas sus exigencias, interrupciones y responsabilidades, hay muchísimas opciones para optar por la simplicidad. Que ralentizar el hábito de incorporar «esto» y «aquello» en nuestro momento presente es una decisión. Y que exigir a nuestro cuerpo y a nuestra mente prestar atención a nuestros hijos en lugar de atender una notificación está en nuestras manos. Elegir una actitud de simplicidad voluntaria en la vorágine digital nos resultará algo siempre eludible, pero si lo hacemos, aunque solo sea por unos pequeños momentos, se nos abrirá un camino hacia nuestras propias ideas y sentidos, incluso hacia nuestro pensamiento creativo. Este pensamiento no es propiedad exclusiva de artistas, ingenieros o diseñadores, sino de cada uno de nosotros. La simplificación voluntaria y la creatividad construyen en nuestras mentes el espacio necesario para contactar con nuestras propias inquietudes, y sin duda serán excelentes compañeros de viaje, centinelas que velarán por que la tecnología nos ayude a desplegar nuestras propias ideas en lugar de silenciarlas. Menos, a veces, es más.

# TENDIENDO NUEVOS PUENTES

Construir una relación consciente con la tecnología no necesita de grandes osadías, sino de modestas enterezas. Sin duda, la conciliación de la vertiginosa transformación digital con las cualidades esenciales de los seres humanos está en manos de los poderes políticos y fácticos, y también de la industria y los mercados. Pero también lo está en las personas comunes quienes, en última instancia, tienen la libertad última de poner en valor sus necesidades y decidir su actitud en cada momento.

Sobre estas premisas, mi intención a lo largo de todo este libro ha sido despertar las consciencias de mis lectores, describiendo como el diseño de la tecnología impacta en nuestra forma de pensar y actuar, aportando criterios de decisión y quizá nuevas inquietudes o sendas a recorrer. Serán mis lectores los que deban forjar sus propias elecciones adaptadas a las particularidades de sus vidas, porque serán las únicas útiles. No obstante, en este camino necesitaremos construir algunos puentes.

**Debemos tender un puente hacia una identidad digital sostenible.**

. . . . . . . . . . . . . . . . . . . . . . . . . . . . . . . . . . . . . . . . . . . . . . .

**En una sociedad en la que el prestigio, el currículum o la confianza serán cada vez más dependientes de nuestra huella digital, es necesario interiorizar el hecho de que cada una de nuestras publicaciones puede condicionar nuestro futuro.**

. . . . . . . . . . . . . . . . . . . . . . . . . . . . . . . . . . . . . . . . . . . . . . .

Nuestro «yo digital» depende ahora, más que nunca, de lo que la Red opine de nosotros, e incluso de lo que las máquinas decidan que somos en base a la información disponible en nuestros perfiles. Debemos recordar que nuestra presencia digital nos permite escondernos fácilmente tras mensajes cortos, imágenes, o avatares anónimos; que podemos engañar, pero también ser fácilmente engañados; y que un desliz puntual de comportamiento puede transformarse, en pocas horas y de forma masiva, en una realidad incuestionable sobre nosotros por acción de la viralidad. Menospreciar a otra persona o idea en la Red es ahora extremadamente fácil, puesto que muy poco de nosotros está expuesto. También lo es participar en un linchamiento digital como un usuario más, aunque las secuelas para la víctima sean imperecederas.

**Debemos tender puentes hacia la protección de nuestra privacidad y la de nuestros seres queridos, y decidir qué parte de nuestras vidas compartimos en la Red.** La exposición de nuestra intimidad en las redes implica necesariamente su desprotección, sean cuales sean las opciones de privacidad de nuestros perfiles o la fortaleza de las contraseñas que establezcamos. Exhibir inocentemente a nuestros hijos supone siempre exponer su identidad y violar su derecho a decidir, condicionando además su futuro en un sistema en el que no aplica ningún tipo de derecho al olvido y en el que la mayoría de los datos son capturados, procesados y vendidos. No debemos olvidar que, gracias al confortable diseño de nuestros dispositivos, sentirnos objetivos o víctimas directas de los robos digitales es algo incompatible con nuestras emociones. Esta falsa percepción de seguridad nos ciega ante el hecho de que nosotros somos ahora el verdadero producto del nuevo mercado de datos, lícito o ilícito. Es por tanto necesario capacitarnos técnicamente para cuidar siempre la seguridad de nuestros perfiles y exponer solo los datos que consideremos necesarios, evitando otorgar nuestro consentimiento de forma vacua.

**Debemos tender puentes hacia el derecho a la desconexión.** En una sociedad que nunca duerme y ante el paradigma 24x7 (siempre disponible, siempre conectado), disponibilidad y presencia se confunden hasta límites insospechados, invadiendo todos los espacios y tiempos de nuestras vidas. A muchos trabajadores, apagar el teléfono móvil a última hora de la tarde les supone un conflicto emocional y un importante miedo a la represalia.

**Las empresas deben apostar decididamente por este derecho, teniendo muy claro que la conexión permanente no es sinónimo de productividad.**

Ante la carencia de regulación, no debemos olvidar que como líderes o responsables de equipos humanos aún tenemos muchas herramientas en nuestras manos. Podemos y debemos marcar claramente las pautas de la relación electrónica con nuestros empleados y establecer las condiciones de disponibilidad respetando límites horarios. Y, especialmente, debemos aclarar el nivel de respuesta que esperamos si enviamos un mensaje fuera del horario laboral (¿es una urgencia? ¿esperamos respuesta inmediata o lo hemos enviado porque no hemos tenido otro momento y no queremos olvidarnos de hacerlo mañana?) Recordemos que una actuación tan simple como pulsar la opción «enviar» está condicionando de forma importante la vida de otras personas y sus familias, tanto por nuestra autoridad implícita como por la interrupción que generamos.

**Debemos tender puentes hacia el consumo responsable de tecnología, sometiéndonos constantemente al test de la dependencia y la adicción.** En nuestras manos, y a través de una pantalla, podemos engrandecer nuestra identidad, ocultar nuestras vulnerabilidades y obtener lo que queremos al momento y sin esfuerzo. Consumimos casi la tercera parte del tiempo que pasamos despiertos interaccionando con estas pequeñas superficies; sobre ellas se está articulando todo un nuevo modelo de productividad y relaciones sociales que condiciona inevitablemente las respuestas de nuestros cerebros por acción de sus diseños. Por ello considero que no puede juzgarse con ligereza nuestro papel como víctimas o responsables de las distorsiones de nuestras conductas, aunque sí debemos observarlas con firmeza.

> **La dependencia se caracteriza por la incapacidad de controlar lo que hacemos, y por sufrir un importante síndrome de abstinencia si no lo hacemos (tristeza, angustia, agresividad o depresión).**

Debemos mantener los ojos bien abiertos ante aquellos hábitos que puedan inducir un principio de adicción, tales como renunciar al sueño o a la alimentación por estar conectados enfurecernos ante un fallo o la indisponibilidad de nuestros dispositivos, evitar sistemáticamente la presencia física para relacionarnos con las personas, sentirnos profundamente culpables de no estar conectados o bien eufóricos ante la posibilidad de estarlo, u ocultar nuestros hábitos de conexión a Internet.

**Debemos tender puentes hacia el pensamiento crítico en un sistema en el que la información que se nos ofrece depende de nuestros gustos, hábitos de consumo y retroalimentaciones positivas.** Esto genera un patrón de repetición de nuestras conductas y una resistencia al contraste de forma natural. Es importante consultar activamente fuentes contrastadas y no ceder fácilmente al criterio de la opinión masiva para todo aquello que consideremos esencial (la automedicación y la difusión de bulos son ahora más fáciles que nunca). Comercialmente, los ingresos en Internet se generan por el número de visitas y no por la calidad de los contenidos, por lo que no necesariamente la información más visitada o el contenido más viral constituyen la mejor opción. Debemos seguir buscando y reivindicando la opinión de los expertos, al menos para complementar la opinión colectiva del usuario anónimo. Recordemos que, por ejemplo, Google siempre decide qué información mostrarnos (y en qué orden) en función de nuestros perfiles y de nuestro historial de consumo y, por tanto, las respuestas a nuestras preguntas nunca serán plenamente objetivas.

**Debemos tender puentes hacia el pensamiento creativo, en contraste con un consumo de información cada vez más reactivo y asistido.** La creatividad no es propiedad exclusiva de músicos, escritores o arquitectos, sino de todos y cada uno nosotros, puesto que supone una vía de contacto con nuestras inquietudes interiores y con lo que realmente queremos en cada momento.

> **No debemos dejar que las facilidades que ofrece la tecnología silencien nuestras propias ideas, sino que, muy al contrario, deben ayudarnos a desplegarlas.**

Para ello es esencial diferenciar en nuestras mentes lo propio de lo ajeno y anteponer el «qué» al «cómo». Porque, ante la una red inabarcable de infinitos recursos de información, es fácil confundir nuestras ideas con las referencias de aquellas otras que encontramos. Para desplegar lo más genuino de nosotros necesitamos observarnos en silencio, aislando, aunque solo sea por unos momentos, el infinito y ensordecedor ruido de la Red. Así, el diálogo de un músico con su partitura, el de un directivo con su informe ejecutivo de ventas, el de un gestor con su equipo humano, o incluso el de un padre con su hijo, dejarán de ser instrumentales para convertirse en auténticos y poderosos. Para ello, minimizar nuestras respuestas reactivas y poner en valor el entrenamiento de nuestra atención sostenida será algo fundamental, ya que es la única forma de entrar en contacto con nuestras propios pensamientos y emociones. Reservar tiempo para el contacto con nosotros mismos, por breve que sea, y deshabilitar nuestros dispositivos en situaciones donde requiramos ejercer el pensamiento abstracto o percibir la belleza del exterior, nos permitirá focalizarnos en nuestras propias ideas y evitar las interrupciones y multiplicar la atención. Concentrarnos en nuestra respiración y en lo que percibimos con nuestros sentidos, o asumir en algún momento una actitud de simplicidad voluntaria (menos es más), serán excelentes compañeros para el viaje hacia la consciencia.

**Debemos tender puentes hacia el control de nuestra atención, y recordar que esta está profundamente relacionada con nuestro rendimiento y con nuestra forma de interpretar y actuar en cada momento.** Debemos recordar que el diseño de los dispositivos digitales estimula constantemente una atención reactiva, tanto por las constantes interrupciones como por la multiplicidad de estímulos (principalmente visuales), aumentando nuestra actividad neurofisiológica a través de la generación de adrenalina. Esta sustancia, que nos da placer y nos activa súbitamente, es una excelente herramienta para vencer la somnolencia, superar la presión de una fecha límite, o enfrentar situaciones riesgo, pero, en exceso y fuera de contexto, puede conducir a perennes síntomas de ansiedad, agresividad, cansancio o déficit de concentración. Por acción de nuestra plasticidad cerebral, si empleamos la mayor parte de nuestro tiempo «reaccionando», seremos unos expertos en la reacción pero no entrenaremos nuestras cualidades conscientes.

**Debemos recordar que nos distrae tanto atender una notificación como no atenderla, y que el comportamiento multitarea, a pesar de ser muy útil para situaciones de trabajo mecánico o poco demandante, penaliza las actividades complejas al realizarse de forma más lenta y superficial.**

Esforzarnos en utilizar la tecnología de forma activa, partiendo de la voluntad consciente de comunicarnos, buscar, crear o investigar, anteponiendo un «qué» y un «para qué» antes de activar nuestros dispositivos, es una excelente vía para elegir el tipo de atención que más encaje con nuestros intereses en cada situación.

**Debemos tender puentes hacia la paciencia, y recordar que esta es influida de forma decisiva por la inmediatez y la multiplicidad que ofrece la tecnología.** En nuestros días, parece que la espera o el error son defectos difíciles de tolerar que se contraponen con el valor de la modernidad y la eficiencia digital. No debemos olvidar que, más allá de los constructos digitales de nuestra nueva revolución industrial, la naturaleza sigue su curso.

**Ante el choque entre los hábitos digitales y la realidad básica de la vida, muchas personas pueden sentirse frustradas, especialmente los más jóvenes. Por ello, el entrenamiento estructurado de la paciencia y las actividades concentradas cobran un importante valor en los sectores educativos, sociales y profesionales.**

En las escuelas y en los hogares, ejercitar sistemáticamente las manualidades, la lectura sostenida, la actividad física y el contacto con la naturaleza son herramientas de siempre que hoy se hacen críticas para fortalecer los cerebros de los más pequeños, compensando la sobreexposición a las interrupciones y a las estimulaciones electrónicas que entrenan indefectiblemente sus respuestas reactivas. En los entornos profesionales, fomentar pequeños espacios y tiempos sin tecnología, en los que las tareas de análisis, negociación o la tormenta de ideas puedan desarrollarse con sin ataduras ni interrupciones, enriquecerá los puntos de vista y permitirá tomar mejores decisiones y corregir errores desde una dimensión más tolerante y humana.

**Debemos tender puentes hacia la ingente cantidad de información a la que estamos expuestos, de forma que no bloquee nuestras decisiones y capacidades emocionales.**

**En nuestros días, y en cuestión de horas, una persona está expuesta a más datos que en toda una vida en siglos pasados. Debemos recordar que con opciones ilimitadas quizá podamos generar mejores resultados, pero no necesariamente sentirnos mejor por ello.**

Las expectativas y el coste emocional de una decisión dependen directamente del esfuerzo y tiempo consumidos en tomarla y, cuantas más sean las alternativas, mayor será ese coste. Tomar consciencia de esta paradoja nos ayudará a no incurrir en la desidia y a alimentar nuestra capacidad de disfrutar de cada pequeño momento de la vida. Debemos tratar de no ahogarnos en el pensamiento comparativo y acotar siempre el espacio y el tiempo para la selección de alternativas, sabiendo que la Red es inabarcable. Haciendo nuestras decisiones lo más irreversibles posibles, conseguiremos que la rectificación sea una nueva decisión y no un cuestionamiento de la anterior, aumentando la seguridad en nosotros mismos. Esforzarnos por ver las consecuencias de nuestras decisiones por sí mismas con simplicidad voluntaria, nos ayudará también a vencer sus costes emocionales, minimizando los sesgos interpretativos hacia expectativas o experiencias pasadas.

**Por último, debemos tender el puente más importante de todos, el que nos permite caminar hacia nuestra presencia plena y atenta con los demás.** Debemos recordar que las fotografías, los mensajes instantáneos de texto o las publicaciones en redes sociales facilitan enormemente el contacto pero fracasan estrepitosamente a la hora de comunicar mensajes complejos, profundos o emocionales. También son más ineficientes, pues son tres veces más lentos que la comunicación verbal. No debemos confundir el contacto con la comunicación ni la conexión con el vínculo. Recordemos que el lenguaje gestual aporta más de la mitad de la información en la comunicación, y no podemos prescindir de él en las situaciones valiosas de nuestra vida, especialmente si queremos trasladar nuestras emociones a los demás. Felicitar, recompensar, confiar, empatizar o amar necesitan nuestra presencia y nuestra atención para adquirir su verdadera dimensión; también para transmitir nuestra autoridad o asertividad en situaciones menos favorables. No debemos caer en el error de dejar en manos de caracteres de texto y *emojis* cualidades esenciales del ser humano, ni en el de permitir que nuestra mirada se desvíe constantemente a nuestros dispositivos, generando un sentimiento de menosprecio hacia nuestro interlocutor (algo especialmente sensible si además existe una relación de autoridad o asimétrica, por ejemplo, de padres a hijos o de jefes a empleados). Pidamos disculpas si esto sucede, poniendo en valor nuestra presencia. Cuestionemos de forma crítica nuestra preferencia de comunicación siendo conscientes de que a través de los dispositivos podemos superar fácilmente las barreras de la timidez, pudiendo ser más afectivos pero también más crueles ante la carencia de obstáculos físicos para desarrollar la empatía. Debemos recordar que es biológicamente incompatible atender de forma genuina a la persona que tenemos delante mientras estemos expuestos a una pantalla, y que así esta jamás podrá sentirse plenamente escuchada, comprendida o querida. Por tanto, decidirnos por una presencia sin fisuras en las situaciones más valiosas de nuestras vidas será nuestra mejor elección, la que soportará el peso principal de nuestra relación consciente con la tecnología.

**La libertad más esencial e inalienable del ser humano consiste en poder elegir en cada momento. En nuestro tiempo, el «momento digital», una de las elecciones más sustanciales consistirá en cómo tender estos puentes. Puentes para la convivencia entre nuestro yo y nuestro *alter ego* digital. Puentes que apuestan por incrementar la productividad de la sociedad de forma sostenible manteniendo y potenciando a la vez las cualidades humanas.**

Esta es una elección no exenta de obstáculos. La potente asociación que los dispositivos digitales con nuestras necesidades básicas de relación, la incuestionabilidad de estar siempre disponibles y conectados en todo momento y en todas las esferas de nuestra vida, el condicionamiento de nuestras mentes por las interrupciones, o el miedo a la brecha social que resulta de la desconexión, pueden hacernos caer en el desasosiego o la impotencia. Pero las dificultades no nos deben eximir de la responsabilidad de decidir, tanto por nosotros mismos como por las generaciones venideras. Un reto que debe motivarnos, a todos los niveles y en nuestros hogares, familias y empleos, a ser aún más conscientes mediante el conocimiento de las causas y la profundización en las consecuencias de los nuevos hábitos de la era digital. Una misión que iluminará a los demás mientras iluminamos nuestra propia andadura.

«Al hombre puede arrebatársele todo salvo una cosa: la última de las libertades humanas —la elección de la actitud personal que debe adoptar frente al destino— para decidir su propio camino».

Victor Frankl, *El Hombre en Busca de Sentido*, reflexiones de un psicólogo que sobrevivió a un campo de concentración.

# EPÍLOGO

Aquellos cielos que caían ardientes sobre el mar de mi abuelo siempre me causaron inquietud. Mientras la imponente belleza de esos momentos se imprimía para siempre en mi sensibilidad, mi imaginación lanzaba un lazo gigante hacia el horizonte, queriendo agarrar el sol y sostenerlo para siempre en un interminable ocaso. Desde mi ingenuidad infantil me preguntaba por qué no éramos capaces de parar el tiempo, de mantener lo que queríamos en el lugar adecuado para nuestros ojos. Con el devenir de la vida he ido comprendiendo que es precisamente el paso del tiempo el que nos permite percibir los contrastes y que las transiciones aportan el equilibrio necesario a la vida. Día y noche tienen su sentido en tanto existen su amanecer y atardecer; tormenta y calma se conforman y disuelven con cielos rotos, aquellos en los que la luz atraviesa las nubes con sobrecogedor misticismo. Transiciones que son fugaces portadoras de la más extrema belleza para todos aquellos que tengan el privilegio de estar despiertos.

Vivo con el convencimiento de que es en las transiciones donde podemos encontrar nuestra propia voz, nuestra belleza interior. Que fijar nuestra atención en el momento presente sin expectativas nos permite contactar con esas transiciones, y también con nuestro pensamiento creativo y con las elecciones más sustanciales de la vida. Que dentro de la vorágine de nuestras existencias, las fugaces sonrisas de nuestros hijos, las emociones de nuestras parejas, o las motivaciones de nuestros amigos y compañeros, constituyen nuestros particulares amaneceres y atardeceres, los cielos más bellos. Y que poner en valor la atención y el tiempo necesarios para conectar profundamente con ellos nos permite disfrutar abiertamente del contraste entre las diferentes posiciones, encontrar nuestro propio camino y ser genuinamente humanos. Sin transiciones, los contrastes son imperceptibles. La vida en sí misma es una transición.

En esta época de profundo cambio de hábitos y valores, la tecnología nos permite pasar de una actividad a otra con extrema velocidad y volatilidad, flirteando con un continuo síndrome de huida hacia adelante. Ante el hábito de la atención múltiple y cortoplacista debemos aprender a detenernos y entrenarnos a ralentizar nuestras mentes para crear nuestras propias transiciones, nuestros espacios de observación y percepción. Ellos nos permitirán vislumbrar que las dicotomías y paradojas de la era digital no tienen por qué condicionar irreversiblemente nuestro bienestar social e individual. Porque siempre habrá momentos en los que el natural despliegue de la vida retará profundamente los pilares de esta lógica autoimpuesta, que nos demostrarán la relatividad de todo lo que hemos construido y la fragilidad de nuestros mecanismos de control.

La promesa de la tecnología es fascinante, pues sin duda hoy podemos vencer la barrera del tiempo y el espacio a través de nuestras pequeñas pantallas. A través de ellas no podemos tocar las manos de las personas que amamos, pero sí podemos sentir que están aquí y ahora, con nosotros. Este gran privilegio permite a nuestros corazones sonreír cuando son inmediatamente atendidos, cuando sienten a los seres más queridos a pesar de la distancia, o cuando sus ideas prosperan gracias a la presencia virtual. La transformación digital de la sociedad permite que la vida se haga más fácil con tan solo acariciar una pequeña superficie. Pero debemos estar despiertos para saber que la tecnología es necesaria pero no suficiente. Que somos los seres humanos los que debemos establecer las reglas de nuestra relación con ella, si no queremos ser invadidos en nuestras cualidades más esenciales; que somos nosotros, y no nuestros dispositivos, los que podemos hacer más grandes las alegrías y más pequeños los problemas, los que con nuestra presencia podemos unir a las personas con la fuerza más genuina e insuperable posible, aquella que heredamos de nuestros más remotos antepasados.

Espero que este libro haya servido de transición a mis lectores en el camino hacia un nuevo estado de consciencia. Y que, tras acompañarme en este viaje hacia la transformación, hayan recordado que lo más importante que la vida nos ofrece son las personas. Que todos los seres humanos compartimos la transición última, la transición de la vida; y que desde esta transición se adquiere una perspectiva existencial en nuestra relación con los demás. Enseñemos a nuestros hijos a disfrutar de la belleza de esos cielos rotos. Detengámonos a disfrutar de los amaneceres en los ojos de las personas que amamos. Entreguémosles incondicionalmente nuestros atardeceres. Seamos fuertes y conscientes para que la reactividad y la multiplicidad que invaden nuestras alocadas y digitalizadas vidas no nos cieguen ante la belleza de las fugaces transiciones que se despliegan ante nosotros. Dejemos nuestros dispositivos personales a un lado, sin miedo, cuando lo que nos ofrezca el instante requiera que entreguemos lo más valioso de nosotros. Y recordemos que en muchos momentos, quizá en la mayoría, tenemos la libertad última de decidir qué hacemos con nuestro tiempo o, al menos, qué actitud adoptamos con respecto a él.

Tan solo necesitamos estar despiertos y levantar siempre la mirada ante los demás.

Sea cual sea la importancia, la exclusividad o la excitación que nos ofrezca aquello que tenemos en nuestras manos, no olvidemos nunca que el regalo más preciado que podemos dar a otra persona es nuestra atención y nuestra presencia sin fisuras. Y que solo tenemos una vida para hacerlo. Una vida que se construye con cada pequeño instante.

# REFERENCIAS

## CAPÍTULO I. LA CHISTERA MÁGICA DE LA NUEVA CIENCIA

- Facebook es la red social más popular del mundo, creada por Mark Zuckerberg a partir de un proyecto para estudiantes en la Universidad de Harvard. En 2016 contaba con más de 1.600 millones de usuarios.

- La tecnología *Big Data* se compone de sistemas informáticos capaces de procesar billones de datos al instante, sobre los que puede obtenerse la relación entre unos y otros de forma inteligente, superando las capacidades de análisis del cerebro humano.

### Cuando saber ya no implica entender

- La historia de Christine y su embarazo está basada en un caso real publicado por el *New York Times Magazine: How Companies Learn Your Secrets,* de Charles Duhigg, 16 de febrero de 2012.

- El condicionamiento clásico está relacionado con nuestra forma de aprender y crear conexiones entre estímulos y respuestas. El ruso Ivan Pavlov (1849-1936) fue su principal precursor con su teoría de los reflejos condicionados y sus famosos experimentos con perros generando reflejos condicionados.

- A Alan Turing (1912-1954) se le considera el padre de la informática y el precursor de la inteligencia artificial. Uno de los grandes hitos de su vida fue el descifrado de la máquina *Enigma* de la inteligencia nazi, historia llevada al cine por la película *The Imitation*

*Game* (2014), dirigida por Morten Tyldum y protagonizada por Benedict Cumberbatch y Keira Knightley, con una bellísima banda sonora de Alexandre Desplat.

- Netflix es el principal proveedor mundial de películas por Internet, con más de 60 millones de usuarios en todo el mundo en 2016.

- Amazon es una de las principales tienda *online* del mundo, con unos ingresos de más de 6.300 millones de dólares en 2015.

- *Candy Crush* es un juego colaborativo que evoluciona el clásico «tres en raya». Llegó a superar los 500 millones de usuarios en todo el mundo con un beneficio de más de 1.000 millones de dólares anuales de ingresos. *Pokemon Go* es un juego colaborativo de realidad aumentada, en el que los usuarios buscan objetos escondidos por las calles de la ciudad utilizando su teléfono móvil. En 2016 llegó a tener 45 millones de usuarios en pocas semanas.

## Viejas ficciones y nuevas realidades

- Uno de los informes más completos y rigurosos sobre tendencias de uso de Internet lo ofrece anualmente la empresa *Kleiner, Perkins, Caufield and Byers* (KPCB).

- La Real Academia Sueca de Ciencias decidió otorgar el Premio Nobel de Física 2010 a Andre Geim (Universidad de Manchester, Reino Unido) y Konstantin Novoselov (Universidad de Manchester, Reino Unido) por sus experimentos innovadores con respecto al material bidimensional grafeno. Asimismo, la empresa china Moxi Group anunció mundialmente en 2016 la salida al mercado de su primer teléfono móvil enrollable de grafeno.

- *Minority Report* (2002) es una película dirigida por

Steven Spielberg y protagonizada por Tom Cruise y Colin Farrell, con una espectacular banda sonora del maestro John Williams.

- Los análisis y previsiones de los efectos que la transformación digital en el mercado laboral pueden consultarse extensamente en el informe anual de *Gartner Group Driving Digital Transformation* 2016 y en el informe del *World Economic Forum, The Future of Jobs, 2016.*

- Las obras de Isaac Asimov y Brian W. Aldiss también han sido adaptadas al cine, en las películas *El Hombre Bicentenario, Yo Robot,* o *Inteligencia Artificial.*

- La teoría del «valle inquietante», respecto a la respuesta de ansiedad frente a seres no semejantes o biológicamente amenazantes ha sido desarrollada por el científico japonés Masahiro Mori.

- *Her* (2013) es una película dirigida por Spike Jonze y protagonizada por Joaquin Phoenix y Scarlett Johansson.

## Realidades paralelas y narcóticos virtuales

- En 2016, algunas de las herramientas de realidad virtual más populares y disponibles en el mercado eran *Google Cardboard* (caja de cartón para introducir el teléfono móvil), y los cascos virtuales Samsung VR y *Oculus Rift* de Facebook.

- La realidad aumentada es aquella que añade información visual o auditiva en función de la realidad que está viviendo la persona, a través de un dispositivo electrónico. Una aplicación característica es superponer objetos virtuales a la realidad que se captura a través de la cámara del teléfono móvil.

- *Second Life* es un mundo virtual (metaverso) que se creó en junio de 2003. Los usuarios pueden explorar dicho mundo libremente, interactuar con otros usuarios, establecer relaciones, comerciar y participar en actividades individuales y en grupo. En 2007 llegó a tener más de un millón de usuarios. Los *Sims* son una serie de videojuegos de simulación social de muchísimo éxito, que en 2008 llegó a vender cien millones de copias en todo el mundo.

## Ante una era de contrastes

- La impresión 3D está llamada a revolucionar el sector de la manufacturación. Sus impresoras son capaces de crear un objeto tridimensional mediante la superposición de capas sucesivas de material, a partir de un diseño hecho por ordenador, descargado de la Red o capturado a través de un escáner tridimensional.

- La primera revolución industrial abarca de 1774 a 1829, cuando Watt inventa y aplica su máquina de vapor a la industria, y paralelamente se extiende el telar industrial. La segunda revolución industrial se sucede en el período comprendido entre 1870 y 1897, con las primeras cadenas de montaje, los primeros automóviles, la electricidad y la radio. La tercera, por su parte, ocupa los años 1962 a 1990, desde la fabricación del primer ordenador hasta el nacimiento de Internet. La cuarta está ocurriendo ahora, desde el 2016.

- El manifiesto de Unabomber puede consultarse *online* en la páginas web del *Washington Post* http://www.washingtonpost.com/

- Según el segundo congreso ludita, celebrado en abril de 1996 en Ohio, EEUU, el neoludismo es «un movimiento sin líderes de resistencia pasiva al consumismo y a las tecnologías cada vez más extrañas y amenazadoras de la edad informática».

- La biotecnología es la tecnología aplicada a los procesos biológicos, tales como la implantación de sensores eléctricos en el oído interno para recuperar audición. La nanotecnología se dedica al diseño y a la manipulación de la materia a nivel de átomos o moléculas, con fines industriales o médicos, entre otros.

- Los proyectos innovadores de la *Singularity University* pueden consultarse en su página web oficial http://singularityu.org/

- La iniciativa 2045, promovida por el multimillonario ruso Dmitry Itskov, puede consultarse en su página web oficial http://2045.com/

- *Transcendence* (2014) es una película dirigida por Wally Pfister protagonizada por Johnny Depp y Morgan Freeman.

- Un dron es un vehículo capaz de volar y de ser comandado a distancia, sin que se requiera de la participación de un piloto.

## CAPÍTULO II. LA ESPIRAL DE NUESTRAS MENTES

**Instintos reconvertidos. Nuevas necesidades**

- Abraham Maslow (1908-1970) fue un psicólogo americano conocido como uno de los principales representantes de la psicología humanista. En su obra, *A Theory of Human Motivation*, expone su jerarquía de necesidades. Los defectos de su metodología se achacan a lo reducido de su muestra de estudio (basado únicamente en personajes históricos) y a la subjetividad de sus conclusiones.

- Ludwig van Beethoven (1770-1827) fue uno de los grandes compositores de la historia de la música, que sufrió una profunda sordera en los últimos años de su vida (aquellos en los que generó sus más reconocidas obras maestras, tales como la *Novena Sinfonía*, o la

*Gran Fuga*. Viktor Frankl (1905-1997) fue un neurólogo y psiquiatra austriaco, fundador de la logoterapia, y que sobrevivió a los campos de concentración de Auschwitz. Se popularizó internacionalmente por su iluminadora obra *El hombre en busca de sentido*, en la que narraba la vida diaria del campo de concentración y los procesos psicológicos que empleó para sobrevivir.

- Un estudio de referencia sobre las necesidades universales fue publicado en 2011 por la Universidad de *Illinois, Needs and Subjective Well-Being Around the World Louis Tay, Ed Diener.*

- *Emoji* es un término japonés para los ideogramas o caracteres usados en mensajes electrónicos y sitios web. Los *emojis* son utilizados como los emoticonos principalmente en conversaciones de texto a través de teléfonos inteligentes, para representar emociones.

## La carrera por la exclusividad

- Por «viral» se entiende aquel contenido que se difunde de forma multitudinaria en Internet.

- La empresa Microsoft monopolizó prácticamente el sector de la informática desde 1990 y durante veinte años, gracias a la popularidad de su programa *Windows*. A partir del año 2008, y con la progresiva entrada de los *smartphones* y los servicios de Internet, Apple, Google o Facebook se ubicaron en posiciones igual o superiormente competitivas.

- Nuestro cerebro está formado por redes de neuronas que transmiten y almacenan la información (nuestros pensamientos y emociones) mediante impulsos eléctricos. Los neurotransmisores, como la adrenalina, son las moléculas que transmiten la información de una neurona a otra. Una explicación didáctica de la actividadléctrica y neurofisiológica de nuestras mentes puede encontrarse en la obra de la Dra. Lucy J. Palladino http://www.lucyjopalladino.com/

- La popular división de los dos cerebros (el consciente o el inconsciente, el pensante o el instintivo) se la debemos probablemente a Daniel Goleman, en su celebérrimo libro *Inteligencia Emocional.*

- Carl Sagan (Nueva York, Estados Unidos, 9 de noviembre de 1934-Seattle, Estados Unidos, 20 de diciembre de 1996) fue un astrónomo, astrofísico, cosmólogo, escritor y divulgador científico estadounidense. Ganó gran popularidad gracias a la galardonada serie documental de TV, *Cosmos: un viaje personal,* producida en 1980, de la que fue narrador y coautor.

- Las fechas que se han tomado para el calendario del hombre: los primeros bípedos aparecieron hace cinco millones de años, los primeros homínidos hace 2,8 millones de años, el *Homo sapiens* hace 200.000 años, el Imperio romano cayó en el año 476 d.C., *El Quijote* de Cervantes se publicó en 1605, e Internet nació en 1993.

- Si bien la Psicología establece varios tipos de atención según la perspectiva de su observación, todos los tipos pueden agruparse esencialmente en dos, según el estudio *The Attention System of the Human Brain* de Michael L Posner, University of Oregon, y Steven E. Petersen, *Washington University* (1990).

- Nuestra tasa cardíaca aumenta en casi un cuarenta por ciento ante la lentitud o el retraso en la respuesta de los dispositivos, un estrés similar al que produce ver una película de terror en su punto más álgido, según el informe *Ericsson Mobility Report, On the pulse of the networked society,* febrero 2016.

## En las fronteras de la realidad

- Para reconocer un objeto básico tenemos un tiempo de reacción de 150 milisegundos después de percibir el estímulo visual, siempre que este dure al menos veinte milisegundos (*Thorpe and Fize, Speed of processing in the human visual system*). La respuesta eléctrica de nuestros cerebros en estos casos oscila entre +6 microvoltios, y -10 microvoltios. Sin embargo, también podemos medir respuesta eléctrica en estímulos más cortos, lo cual demuestra la capacidad de percepción subliminal. Con estímulos de duración de microsegundos, a los 150 ms ya tenemos que nuestro cerebro se activa con dos microvoltios (una tercera parte de la actividad que se genera cuando reconocemos los objetos), e incluso hay respuestas neuronales mínimas con estímulos visuales de tan solo 250 microseg (*Sperdin/Spierer, Submillisecond unmasked subliminal visual stimuli evoke electrical brain responses*). Veinte ms es el tiempo de referencia que tarda un estímulo visual en llegar al cerebro para poder ser procesado, según B. J. Kemp, *Reaction Time of Young and Elderly Subjects in Relation to Perceptual Deprivation and Signal-on Versus Signal-off Condition* (*Developmental Psychology*). El estímulo auditivo es mucho más rápido, ocho ms, un 60%, pero el tiempo de reacción frente a lo visual es solo un 16% más rápido (Jose Shelton, Gideon Praveen Kumar - *Comparison between Auditory and Visual Simple Reaction Times*).

- La Dra. Lucy J. Palladino es una psicóloga americana especializada en el estudio de la atención. Dispone de dos publicaciones divulgativas de referencia sobre el impacto de la tecnología en nuestros procesos atencionales: *Find Your Focus Zone: An Effective New Plan to Defeat Distraction and Overload* (2011) y *Parenting in the Age of Attention Snatchers: A Step-by-Step Guide to Balancing Child's Use of Technology* (2015).

- La relación entre la atención y el aburrimiento se estudia extensivamente en el estudio *The Unengaged Mind Defining Boredom in Terms of Attention* (2012) John D. Eastwood, Alexandra Frischen, Mark J. Fenske and Daniel Smilek (*York University; University of Guelph; University of Waterloo*).

## La felicidad ante la paradoja digital

- *«Reflexiona. Tómate tu tiempo. ¿Ya? Coge tu smartphone y haz lo que realmente te apetece»* es el slogan de la campaña de Navidad 2015 de Vodafone-Netflix; https://www.youtube.com/watch?v=kb4WiHoVruU

- *WhatsApp* es una aplicación de mensajería instantánea para teléfonos inteligentes que envía y recibe mensajes mediante Internet. En 2016 alcanzó los mil millones de usuarios en todo el mundo.

- Los estudios de la Universidad de *Carnegie Mellon, Social network activity and social well-being y de la Universidad de Missouri, Emotional responses during social information seeking on* Facebook coinciden en que la forma de utilizar una misma red social influye de forma sustancial en los sentimientos de sus usuarios.

- La Dra. Sherry Turkle es una socióloga y psicóloga americana especializada en el impacto de la tecnología sobre la personalidad. Dispone de varias publicaciones divulgativas de referencia sobre la materia, entre las que destacan *Alone Together: Why We Expect More from Technology and Less from Each Other (2013) y Reclaiming Conversation: The Power of Talk in a Digital Age (2016).*

# CAPÍTULO III. LOS NUEVOS CONQUISTADORES

- La lista de líderes de la próxima generación, según la revista *TIME*[1]:

    - Rubén, el conquistador *online*, popularmente conocido como «El Rubius». https://www.youtube.com/user/elrubiusOMG
    - El perfil de Angela Nikolau, con sus «*selfies*» extremos: https://www.instagram.com/angela_nikolau/?hl=es
    - El perfil de Axelle Despiegelaere, la mujer más bella del mundial de fútbol Brasil 2014. https://www.instagram.com/axelledespiegelaere_official/?hl=es

## Comparto, luego existo

- Otro importante estudio de tendencias de uso de los dispositivos personales lo publica anualmente el Banco de América, *Trends in Consumer Mobility Report*.

- La compartición de contenidos creados por nosotros estimula las mismas zonas cerebrales asociadas al placer del sexo o la alimentación, según el estudio *Disclosing information about the self is intrinsically rewarding* (2012), de Diana I. Tamir and Jason P. Mitchell, *Department of Psychology, Harvard University, Cambridge.*

- Un popular estudio sobre la psicología de la compartición fue publicado por *The New York Times Customer Insight Group* (2011)-*The Psychology of Sharing. Why Do People Share Online?*

---

[1]  http://time.com/collection/next-generation-leaders/

- Otros estudios interesantes sobre hábitos de compartición digital han sido publicado por las empresas Ipsos (2013, Global *«Sharers» on Social Media Sites*) y *Go-Gulf* (2014, *What people share on social networks - statistics and trends*)

- Jonah Berger es profesor de *marketing* en la Universidad Pennsylvania. Realiza un profundo análisis de la publicidad viral en su éxito editorial *Contagious*, http://jonahberger.com/

- También *Harvard Business Review* publicó un interesante estudio sobre la viralidad de las emociones positivas en las campañas de *marketing, The Emotions that Make Marketing Campaigns Go Viral* (2013), por Kelsey Libert y Kristin Tynski.

- Un excelente artículo sobre los linchamientos digitales fue publicado por Elena Mengual en el diario español El Mundo, *Cuando la humillación se hace viral* (2016).

- El denominado «derecho al olvido» es la manifestación de los tradicionales derechos de y cancelación y oposición aplicados a los buscadores de Internet. El «derecho al olvido» hace referencia al derecho a impedir la difusión de información personal a través de Internet cuando su publicación no cumple los requisitos de adecuación y pertinencia previstos en la normativa. El Tribunal de Justicia de la Unión Europea hizo pública el 13 de mayo de 2014 una sentencia que establece, como ya venía aplicando la Agencia en sus resoluciones, que el tratamiento de datos que realizan los motores de búsqueda está sometido a las normas de protección de datos de la Unión Europea y que las personas tienen derecho a solicitar, bajo ciertas condiciones, que los enlaces a sus datos personales no figuren en los resultados de una búsqueda en Internet realizada por su nombre (fuente: Agencia Española de Protección de Datos).

## Ser digital, *alter y ego*

- Manuel Castells (1942-) es un prestigioso sociólogo, economista y profesor en la Universidad de California en Berkeley. En su trabajo, *El poder en la era de las redes sociales* (2012), reflexiona lúcidamente sobre la relación de la comunicación, las redes sociales y las nuevas formas de poder.

- Un excelente estudio sobre las características psicológicas del «yo digital»: *The Digital Self: Through the Looking Glass of Telecopresent Others* (2005), por Shanyang Zhao, *Temple University.*

- La entrevista al CEO de Google Eric Schmidt en el *Wall Street Journal* (2010): *Google and the Search for the Future. The Web icon's CEO on the mobile computing revolution, the future of newspapers, and privacy in the digital age*, by Holman W. Jenkins Jr.

- El miedo a la exclusión digital se conoce por el acrónimo FOMO (*Fear of missing out*).

## En los límites de la privacidad

- *Time Square* en Nueva York, o la Catedral de Notre Dame en París, son los lugares más inseguros del mundo para tener el *smartphone* encendido, según la empresa *Skycure*, una de las referencias en securización de tecnologías móviles: *Skycure Reveals World's Riskiest Tourist Attractions for Mobile Devices* (2015).

## Imágenes personales, emociones globales

- Se publican casi tres millones de «*selfies*» al día, según el diario británico Daily Mail, *What a vain bunch we really are* (2016).

- Uno de los informes más completos y rigurosos sobre tendencias de uso de Internet lo ofrece anualmente la empresa *Kleiner, Perkins, Caufield and Byers* (KPCB).

- La relación entre el narcisismo y los *selfies* se explora extensivamente en el estudio de la Universidad de Georgia, *Personality and Selfies. The Dark Triad* (2016), por Weiler/Campbell.

- Según Wikipedia, existe algún vago precedente de «emoticonos» en el siglo XIX. En abril de 1857, el *National Telegraphic Review and Operators Guide* documentó el uso del número 73 en código morse para expresar «amor y besos».

- Existen importantes diferencias de interpretación de un mismo *emoji* según la marca de teléfono móvil que se posea, e incluso, con el mismo *emoji*, según el estudio *Varying Interpretations of Emoji* (2016) Hannah Miller, Jacob Thebault-Spieker, Shuo Chang, Isaac Johnson, Loren Terveen, Brent Hecht GroupLens Research, University of Minnesota.

## Reescribiendo la comunicación. Relaciones digitales

- El cuerpo humano está desarrollando nuevos hábitos de locomoción motivado por nuestros hábitos de uso de nuestros dispositivos, según el estudio de las Universidades de Texas y Bath, *Gait Pattern Alterations during Walking, Texting and Walking and Texting during Cognitively Distractive Tasks while Negotiating Common Pedestrian Obstacles* (2015), de Sammy Licence, Robynne Smith, Miranda P. McGuigan, Conrad P. Earnes.

- Según la firma americana *Edgar Snyder & Associates,* caminar atendiendo al dispositivo móvil aumenta en cuatro veces el riesgo de distracción en los cruces o ante señales de tráfico, *Cell Phone Use While Driving Statistics.*

## CAPÍTULO IV. HACIA UNA NUEVA CONSCIENCIA EN RELACIÓN CON LA TECNOLOGÍA

### Ante el reto del cambio

- Los análisis y previsiones de los efectos que la transformación digital en el mercado laboral pueden consultarse extensamente en el informe anual de *Gartner Group Driving Digital Transformation* 2016 y en el informe del *World Economic Forum, The Future of Jobs,* 2016.

- Respecto al síndrome de la fatiga informativa, definido por el Dr. David Lewis: «*Dying for Information?*» *commissioned by London based Reuters Business Information in* 1998. https://drdavidlewis.com/

- La referencia a una «sociedad 24x7 que nunca duerme» está brillantemente desarrollada en el ensayo: 24/7: *Late Capitalism and the Ends of Sleep* (2014), de Jonathan Crary.

- La reforma laboral puesta en marcha en 2017 por el gobierno francés regula el derecho a la desconexión, http://www.gouvernement.fr/loi-travail

### Reivindicando la presencia

- La expresión corporal aporta más de un 65% de la información que transmitimos en una conversación, y hasta el 82% según algunos expertos; R. Birdwhistel, 1977, apud Chelcea S., Ivan L., Chelcea A, 2005, *The role of the nonverbal communication in interpersonal relations* - Nistor Gheorgita - Bucharest University.

- La importancia de la mirada según el Dr. Adrian Furham: *The Secrets of Eye Contact, Revealed* (2014), *Psychology Today*.

- El libro de Darwin *La expresión de las emociones en el hombre y en los animales* puede consultarse íntegramente en http://darwin-online.org.uk/

- Otros estudios más recientes sobre la importancia del lenguaje no verbal: John M. Wiemann, Randall Harrison, *Nonverbal interaction* 1983 SAGE Editions; *Nonverbal behavior and noverbal communication: what do conversational hand gestures tells us* Robert M. Krauss, Yihsiu Chen amd Purnima Chawla, *Columbia University*.

- Los tres patrones de comportamiento de la Dr. Lucy J. Palladino pueden consultarse en *Find Your Focus Zone: An Effective New Plan to Defeat Distraction and Overload* (2011).

- Sobre la reacción del cerebro ante la multiplicidad de la atención y el comportamiento multitarea: *Executive Control of Cognitive Processes in Task Switching, Joshua S. Rubinstein. Federal Aviation Administration. David E. Meyer and Jeffrey E. Evans. University Michigan.*

- Sobre las interrupciones en los entornos de trabajo: *The Cost of Interrupted Work: More Speed and Stress* (2008) - Gloria Mark *Department of Informatics University of California.*

- Sobre el efecto de las notificaciones de nuestros dispositivos personales en nuestra atención y rendimiento: *The Attentional Cost of Receiving a Cell Phone Notification Cary Stothart, Ainsley Mitchum* (2015), *and Courtney Yehnert Florida State University.*

## Superando el dilema de la decisión

- Barry Schwartz es profesor de Psicología en la Universidad de *Swarthmore* y autor del libro *The Paradox of Choice: Why More Is Less* (2004).

- El investigador Gary A. Klein es un prestigioso psicólogo cognitivo que ha desarrollado sus teorías sobre su trabajo de campo en las decisiones militares. *Recognition Prime-Decision Strategies* (1996), *United States Army Research Institute for the Behavioral and Social Sciences*.

- El Dr. Jon Kabat Zinn, psicólogo y profesor emérito de Medicina en la *Massachusetts University Medical School,* es popular internacionalmente como máximo exponente de la divulgación de la atención plena. Trata la simplicidad voluntaria dentro de su *best-seller, Mindfulness en la vida cotidiana.*

# ÍNDICE TÉCNICO

## CAPÍTULO I. LA TECNOLOGÍA DEL FUTURO. LA CHISTERA MÁGICA DE LA NUEVA CIENCIA



## CAPÍTULO II. ANÁLISIS DE IMPACTO COGNITIVO Y CONDUCTUAL DE LA TECNOLOGÍA. LA ESPIRAL DE NUESTRAS MENTES

- Percepción subliminal. Aburrimiento y paciencia. (En las fronteras de la realidad)
- Condicionamiento emocional y adicción a la tecnología. (La felicidad, ante la paradoja digital)

## CAPÍTULO III. ANATOMÍA DE LOS NUEVAS CONDUCTAS LOS NUEVOS CONQUISTADORES

- La compartición de contenidos. (Comparto. Luego existo)
- La identidad digital. (Ser digital. Alter y ego).
- Seguridad y privacidad en la era digital. (En los límites de la privacidad)
- Los *selfies*, «emoticonos» y *emojis*. (Imágenes personales. Emociones globales)
- Mensajería instantánea, texto y voz. (Reescribiendo la comunicación. Relaciones digitales)

## CAPÍTULO IV. HACIA UNA NUEVA CONSCIENCIA CON LA TECNOLOGÍA

- La transformación digital en el mercado de trabajo. La fatiga informativa. (Ante el reto del cambio)
- Comunicación verbal y no verbal. (Reivindicando la presencia)
- Procrastinación, hiperactividad y multitarea. El impacto de las interrupciones. (Hilvanando la atención)
- La toma de decisiones en la edad de la información. (Superando el dilema de la decisión)
- Tendiendo nuevos puentes

KOLIMA
BOOKS